Dirk Stermann

ZWEIER

Czernin Verlag, Wien

Stermann, Dirk: Zweier / Dirk Stermann
Wien: Czernin Verlag 2013
ISBN: 978-3-7076-0460-3

© 2013 Czernin Verlags GmbH, Wien
Coverfotos: © Ingo Pertramer, www.pertramer.at
Eierfotos: Hannah Schatz
Satz: Burghard List
Druck: Druckerei Theiss, A-9431 St. Stefan
ISBN Print: 978-3-7076-0460-3
ISBN E-Book: 978-3-7076-0461-0

Alle Rechte vorbehalten, auch das der auszugsweisen Wiedergabe
in Print- oder elektronischen Medien

Einleitung

Zweier ist nach *Eier* und vor *Dreier* der Mittelteil einer Trilogie, die sich das Ziel gesetzt hat, alle relevanten Themen unserer Zeit abzudecken. Sodass man als Leser wird sagen können: Kenn ich, kann ich, hab ich alles schon gelesen.

Mehr Themen als bei Google. Aus der Sicht eines Mannes, der eine Frau zur Mutter hat, der selber über 1,80 ist, aber neben sowohl Größeren als auch Kleineren stand oder saß. Der als Deutscher schon so lange in Österreich lebt, dass viele Österreicher sich neben ihm wie Piefkes fühlen. Statt eines Yin-und-Yang-Symbols kann man auch genauso gut ein Bild von ihm verwenden.

Er ernährt sich ausschließlich von Tieren, die sich ausschließlich von Pflanzen ernähren, und wenn er zu viel getrunken hat, verwandeln ihm jüdische und buddhistische Freunde Wein zu Wasser. Er trägt manchmal Kopftücher, ist aber Agnostiker. Der Papst ist nicht zuletzt zurückgetreten, weil er nach der Lektüre der Fahnen von »Zweier« nicht mehr so tun konnte, als gäbe es eine Existenz, die von Stermann infrage gestellt wird.

Erneut hat Handke die Textsammlung im serbischen Original vorab gelesen und zähneknirschend »gut, ganz gut« gefunden.

Der Czernin Verlag ist, Zitat: »von Stermann menschlich enttäuscht, aber guter Hoffnung, dass Zweier sich spitzenmäßig verkaufen wird«. Tatsächlich hat Stermann bis zum heutigen Tag noch nie seinen österreichischen Verlag besucht, obwohl er ums Eck wohnt, während er mehrmals in der Woche seine 1000 Kilometer entfernten deutschen Verleger beehrt.

Typisch für ihn: Während der Leipziger Buchmesse sieht man ihn in Frankfurt auf dem Balkon vom Römer, trifft sich die Buchszene in Frankfurt, dirigiert er den Thomanerchor in Leipzig und tauscht die verwelkten Rosen auf Bachs Grab gegen frische.

Als Borussia Dortmund im Champions-League-Viertelfinale in den letzten Minuten der Verlängerung gegen den FC Malaga die Sensation schaffte und zwei Tore innerhalb von zwei Minuten erzielte, da las Trainer Klopp *Zweier*. Als er auf der Bank jubelte, tat er das, weil der Text ihm so gefiel. Als er nach Spielschluss erfuhr, dass Dortmund gewonnen hatte, »war das auch schön. Aber der Text? Hammer!«

Als in Syrien bekannt wurde, dass *Zweier* von einem Gotteskrieger mit (leider verbranntem) österreichischen Pass ins Vulgärarabische übersetzt wird, schwiegen die Waffen für einige glückliche Stunden.

Michel Houellebecq: »Als ich *Karte und Gebiet* schrieb, hatte ich wie immer die schweren Samtvorhänge vor dem Fenster zugezogen, damit ich nicht aufs Meer schauen muss. Ich erhielt einen Anruf von meiner Agentin: Stermann geht unten am Strand spazieren. Zum ersten Mal seit Jahren zog ich den Vorhang auf. Ich winkte wie ein Verrückter, aber Stermann schaute nicht hinauf. Das war schrecklich!« (Der Agentin, die aus dem Nachbarhaus winkte, winkte Stermann zurück und die beiden haben noch heute ein »freundschaftliches« Verhältnis.)

Wer die Zypernkrise begreifen und die europäische Frage gelöst sehen will, wer Frauen verstehen und lernen möchte, dass es bei Männern wenig zu verstehen gibt, wer Komplexe in ihrer ganzen Komplexität betrachten und mit dem Autor der Vermutung nachforschen sich zutraut, dass die NSDAP zum Großteil aus Nazis bestand, der ist bei *Zweier* so gut aufgehoben wie ein Pottwal im Meer.

Wie der austrokanadische Milliardär Frank Stronach ist Dirk Stermann gelernter Werkzeugmacher. Deshalb weiß er, wie man Hammer und Sichel richtig einzusetzen hat, um Texte zu schmieden, die man nicht sogleich als Futter für die Altpapierkübel entsorgen möchte. Er war Leichenpräparator, Dummypatient in der Pharmaforschung und ehrenamtlicher Hundefänger. Unter Tage aufgewachsen, heute Überflieger mit Höhenangst. *Zweier* – das Sandwich der Trilogie.

Im Urlicht

Ein Bekannter von mir hat eine neue, junge Freundin mit einem knabenhaften Körper. Ist das der erste Schritt zum Outing? Eine Zwischenstufe? Ein sanfter Hinweis auf Gleichgeschlechtlichkeitsfantasien?

Ein Hoch auf die Metrosexualität, die mehr sexuelle Spielarten zulässt als die frühere Bisexualität. Eine New Yorker Freundin fragte mich vor Kurzem, ob meine Tochter in der Schule sehr viele transsexuelle Freunde gehabt hätte.

»Sehr viele?«, fragte ich. »Ich glaube, dass niemand in ihrer Klasse transsexuell war.«

Meine Freundin lachte und schüttelte den Kopf. »Joking?«, fragte sie. »In New York ist es en vogue, sein Kind transgender zu erziehen. Früher haben wir unseren Töchtern mit zehn die Titten und die Lippen aufgespritzt und heute ziehen wir unseren Söhnen Kleider an und den Girls spritzen wir Testosteron.«

»Aha«, sagte ich und fühlte mich erneut wie ein Bauer im Fashion-Stall.

»Am liebsten hätte in New York jeder eine Schwuschi«, sagte sie.

»Schwuschi?« Ich kam mir immer mehr so vor, als hätte ich die letzten Jahre in einem Amstettner Keller verbracht.

»Eine Mischung aus Schwanz und Muschi. Schwuschi. Das gibt's doch nicht, dass du das nicht kennst«, sagte meine New Yorker Hipster-Freundin.

»Warum nicht Munz? Wär doch kürzer«, warf ich ein.

An eine Häuserwand hatte jemand »Gott übte nur, als sie den Mann schuf« gesprayt. Meine New Yorker Freundin fuhr sich mit der Hand durch ihre graue Löwenmähne.

»In Argentinien muss man sich jetzt überhaupt nicht mehr für ein Geschlecht entscheiden«, sagte sie. »Im Pass steht nur noch, dass man da ist. Aber nicht mehr, ob man sich als Männlein oder Weiblein fühlt.«

Ich nickte ehrfurchtsvoll und blickte in den Himmel. Es war ein Novemberabend. So ein Schneegelb hatte ich noch nie gesehen. Die Wolken zogen wie der Himalaya, der in die Sahara gefallen war, an mir vorbei. Sandgelbweiße Pracht.

»In Düsseldorf haben Medizinstudenten im Pathologieseminar einem toten Mann die Ohren an den Hodensack genäht«, sagte ich. »Das hab ich erfahren, als ich gerade wegen einem Wanderhoden in der Urologie lag. Ich hatte damals Albträume.«

»Dass deine Hoden hören können?«, fragte die New Yorkerin.

»Nein, dass zu viel passiert, weils möglich ist«, antwortete ich. Ich hatte noch nie einen schöneren Himmel gesehen. Ich starrte. Die New Yorkerin und ich leuchteten, als hätte der *Bilitis*-Regisseur David Hamilton uns ausgeleuchtet. Aus einem offenen Fenster drang Musik auf die Straße. Gustav Mahlers »Urlicht«.

»O Röschen rot! Der Mensch liegt in größter Not! Der Mensch liegt in größter Pein! Je lieber möcht' ich im Himmel sein!«

Alois Mühlbacher sang, ein Bub aus Hinterstoder, St. Florianer Sängerknabe und, wenn man der Fachwelt glauben kann, ein Wunder. 17 Jahre alt, mit der glockenklaren Stimme eines höchstbegabten Kindes. Er singt sämtliche Frauenpartien und klingt weiblicher und befremdlicher als jede Sängerin.

»Mein Vermieter in Brooklyn war erst eine Vermieterin. Dann Vermieter, dann wieder Madame und jetzt, mit über 60 ist er wieder Mister.«

»Und du? Hält man dich im thrilling New York für komplett verspießt, weil du immer schon eine Frau warst?«

»Bist du dir sicher, dass ich immer eine Frau war?«, fragte sie zurück.

»Eigentlich schon. Gut, du gehst in Lokalen in der Regel aufs Männerklo, aber ich nehme mal an, das machst du, weil bei den Frauen immer Schlangen sind.«

In diesem Moment trat der Wundersänger aus dem Haus. Es war keine CD gewesen. Er hatte echt gesungen. Er tauchte in das merkwürdige Licht ein. Golden glänzte sein Haar. Ihm schien eine Posaune zu fehlen oder eine Trompete. Er sah aus wie ein Engel in einem Deckengemälde.

»Was es alles gibt«, sagte ich. »Es gibt ja nichts, was es nicht gibt. Außer sehr vielen Transsexuellen in durchschnittlichen Wiener Schulklassen.«

»Magst du mal mit aufs Frauenklo kommen?«, fragte mich meine New Yorker Freundin.

»Gern«, sagte ich. Und dann gingen wir gemeinsam aufs Damenklo eines angesagten Wiener Clubs. Ich war überrascht, wie viele ich dort traf, von denen ich dachte, sie gehörten aufs Herrenklo.

Letizia Pizzis Aschenbecher

Mit 13. Und 14. Und zwölf. Und elf. Und zehn. Da fuhren wir in den Sommerferien nach Italien, an die Adria, nach Senigallia, ins Hotel Excelsior. Mit Hollywoodschaukel und eigenem Strand. In dem Hotel wohnten überwiegend Italiener. Ganze Familien. Ohne Väter, die arbeiteten in der heißen Stadt. Die Mütter und ihre Kinder verbrachten den Sommer am Meer. Auch Letizia Pizzi. Ihr Vater war Schuhfabrikant, vielleicht auch nur Schuhverkäufer in Perugia. Ich fand, die zwölfjährige Letizia sah aus wie die damals schönste Frau der Welt, Prinzessin Caroline von Monaco. Das fand ich mit elf. Das fand ich mit zwölf. Und mit 13 fand ich das auch. Sie brachte mir mein erstes italienisches Wort bei: portacenere – Aschenbecher. Nicht sehr romantisch, aber praktisch. Mit der Zeit lernte ich von ihr immer mehr Wörter. Schon bald konnte ich am Strand beim Kicken zu den Italienern sagen: »Lascia il mio fratello!«, »Lass meinen Bruder in Ruhe!« Letizia saß auf der Promenadenmauer und nickte mir zu. Das schönste Mädchen der Welt. Eine Freude.

Ich hab mit elf und zwölf und 13 Italienisch gelernt, weil ich in Letizia Pizzi verknallt war. Als ich 14 war, kamen wir an einem heißen Julitag im Hotel Excelsior an. Mittags: keine Letizia Pizzi. Beim Abendessen: keine Letizia Pizzi. Also fragte ich meinen vermeintlich Vertrauten, den langjährigen Barmann, in meinem schlechten Letizia-Pizzi-Italienisch, wo Letizia Pizzi sei, ob die Pizzis dieses Jahr etwa nicht da wären? Leise fragte ich ihn. Vertraulich. Von Mann zu Mann.

Und er?

Schrie durchs ganze Foyer zum ganzkörperbehaarten Rezeptionisten: »Weißt du was? Der Kleine ist verknallt in Letizia Pizzi! Weißt du, ob sie schon da ist?«

Mit knallroter Birne lief ich zum Aufzug. Um acht Uhr abends legte ich mich ins Bett. Der Barmann war ein Arschloch, der Rezeptionist auch und ich konnte in diesen Ferien unmöglich das Bett verlassen.

Ich hab das Bett dann doch verlassen. Die Pizzis kamen nicht. Ich lernte Sara Ninno kennen. Sie kam aus Perugia. Ihr Vater war auch in der Schuhbranche, aber sie sah leider nur so aus wie Carolines Schwester Stéphanie. Sie war beeindruckt, dass ich wusste, was Aschenbecher auf Italienisch heißt. Von ihr hab ich kein italienisches Wort gelernt. Aber Rauchen. Ich war 14. Und es war das letzte Mal, dass ich mit meinen Eltern und meinem kleinen Bruder nach Italien fuhr.

Caroline von Monaco heiratete in diesem Sommer das Arschloch Philippe Junot. Ich war fassungslos. Ich fühlte mich betrogen. Ich zündete mir eine Zigarette an und schluckte den Rauch hinunter, wie ich es von Sara Ninno gelernt hatte. Deshalb war sie also nicht ins Hotel Excelsior gekommen. Weil sie dieses Playboyschwein geheiratet hatte. Ich wünschte dieser Ehe nur das Schlechteste.

Zwei Jahre später wurde die Ehe zwischen Caroline und Philippe Junot geschieden. Ich war 16 und im Sommerurlaub in Ungarn. Ich lernte Dzsenifer kennen. Sie kam aus Györ und trug Sandalen. Sie sah aus wie die damals schönste Frau der Welt, Nastassja Kinski. Wir sprangen gemeinsam nackt in den arschkalten Balaton. Mein 16-jähriges Gemächt zog sich erschreckt zusammen. Als ich auftauchte, lachte sie. Und brachte mir mein erstes ungarisches Wort bei: törpe. Seit damals warte ich darauf, dass ich irgendwann einmal gefragt werde, was Zwerg auf Ungarisch heißt. Ich weiß es.

Kleinstkunst

Ich hör Sie kauen, die Oberen, und die Stühle rücken. Lachen und schmatzen. Ich weiß, Ihnen geht's gut. Sie sitzen zufrieden in einem wunderschönen Saal, Sie haben Eintritt gezahlt und dürfen dafür einen lustigen Abend erwarten. Sie glucksen prophylaktisch. Eine Dame schlägt einem verwunderten Herren schon jetzt vor Kichern auf die Schenkel, so angenehm fest, dass dem sein pochiertes Fischröllchen aus dem Mund auf die Bärlauchcreme fällt. Die Bühne liegt noch erwartungsschwanger dunkel da, während auf den Tellern Thymianjus beklatscht wird und ein dicker Tourist aus dem Ruhrpott zu seiner Schwabinger Geliebten sagt: »Mensch, die Erdbeergrütze ist klasse. Ob da der Alfred Dorfer mithalten kann? Oder wirds eher ein Topfenschmarren, passend zu Stermann und Grissemann?«

In der Occamstraße herrscht oben im Lustspielhaus ausgelassene Ausgehstimmung. Aber unten? »Backstage«? Backstage ist im Lustspielhaus »downstage«. Wir Künstler werden im Keller gehalten. Ohne Tageslicht und ohne Frischluft. Beengt. Auf Möbeln, die von der Caritas abgelehnt worden sind, ich selber sitze gerade auf einem Stuhl mit zwei Beinen, der dem Lustspielhaus von einem Tsunamiopfer gespendet wurde. Vor mir liegt eine Semmel, in die schon der junge Gerhard Polt gebissen hat, Mitte der 60er-Jahre. Die Semmel war schon damals alt. Werner Schmidbauer und Django Asül versuchen sich trotzdem immer wieder an dieser Semmel. Der Hunger treibt ihre Kiefer verzweifelt in das steinharte Gebäck. Schmidbauer hat vier, Asül hat drei Schneidezähne verloren. Alltag der Kleinkunst. Grissemann und ich treten seit etwa zehn Jahren immer wieder im Lustspielhaus auf und seit dem ersten Mal steht auf dem »Schminktisch« (ein gebrauchter Sarg, den das Lustspielhaus vom Sperrmüll am Nordfriedhof geklaut hat) ein Glas Milch. Es ist halb ausgetrunken. Lustspielhauschef Till Hofmann würde sagen, es sei halb voll. Neben dem Glas liegt seit damals ein Zettel: »Die Milch ist sauer!«

Unterschrieben ist der Zettel mit »Liesl Karlstadt, 22. 1. 1926«. In Ermangelung anderer Getränke nippe ich selbst hin und wieder an der historischen Pilzkultur.

Sie da oben leben im Überfluss, aber wir, die wir Ihnen nach dem Essen Vergnügen bereiten sollen, werden hier unten gehalten wie straffällig gewordene Mundbakterien.

Bruno Jonas sitzt oft mit Tränen in den Augen auf dem Boden, bevor er auftritt. Andreas Rebers ist Stauballergiker und muss stundenlang die Luft anhalten. Rolf Miller ist Angstpatient. Er hat Panik vor Feuer. Miller steht regelmäßig mit furchtgeweiteten Augen vor der Feuertür. Auf der ist ein Schild angebracht: »Diese Tür muss aus feuerpolizeilichen Gründen immer geschlossen sein. Oder offen.«

Bedenken Sie unsere Situation, wenn gleich das Licht angeht. Ich will nicht um Mitleid betteln, aber wenn Sie eine Katze mit nur einem Bein auf der Straße sehen, würden Sie ihr ein Bein stellen? Ich wünsche Ihnen einen schönen Abend in einem schönen Theater. Und wünschen Ihnen, dass Sie nie bei uns hier unten landen.

Ochsenknechte

Quentin Tarantino weint bei Rosamunde-Pilcher-Verfilmungen und Terence Hill hat sich blaues Botox in die Augen spritzen lassen, um die Augen auch farblich zu straffen. Ganz wässrig waren sie inzwischen geworden, ausgewaschen, weil ihm, wie so vielen älteren Herren, die Augen so oft tränen. Medizinisch bedingt, aber auch emotional. So oft sieht man alten Männern Tränen aus den geriatrischen Augen kullern, dass es niemandem mehr auffällt. Inkontinenzoptik ist unsexy, aber fact. Klitschnasse Iriden, Wimpern, zu nass, um sie auswringen zu können, Linsen, in denen Kaulquappen entstehen. Tümpel unter den Augenbrauen. Wenn ältere Herren spazieren gehen, schwappts bei jedem Schritt, aus dem Schritt und aus dem Blick.

Gerade noch legte man die Weiber reihenweise flach, schon flennt man bei jeder Merci-Werbung.

Ein sentimentalistischer Höllenritt. Deshalb gibt es kaum Türsteher über 80. Ein heulendes Stückchen Elend vor der Tür würde keinen knallharten Kickboxer unter 20 beeindrucken. Folgenden Dialog hörte ich vor der »Schwabinger 7« in München zwischen dem 84-jährigen Türsteher Louis Fillmooser und Ruud Rouge Ochsenknecht, dem Enkel von Uwe Ochsenknecht.

Fillmooser: Wie alt bist du?

Ruud Rouge: 12. Aber ich bin deutlich reifer.

Fillmooser (beginnt zu tränen): Dann gehts nicht. Zwölf ist zu jung. Hier musst du 18 sein. Komm in sieben Jahren wieder.

Ruud Rouge: In sieben Jahren bin ich über 20. Mein Bruder Jeff Yellow war schon mit elf hier drin.

Fillmooser (Tränen in der Größe von Golfbällen kullern ihm die Backe runter): Ihr Ochsenknechte müsst euch an die Regeln halten.

Ruud Rouge: Heul doch, Opi.

Fillmooser (Tränen in der Größe von Handbällen kullern ihm die Backe runter): Tu ich ja eh.

Ruud Rouge (zu einem deutlich jüngeren Burschen): Komm, Pjotr Pink. Gehen wir rein, bevor der Greis noch Basketbälle weint.

Fillmooser (Tränen in der Größe von Medizinbällen kullern ihm in Sturzbächen die Backe runter): Ich hasse meinen Beruf!

Die Ochsenknechte schubsten ihn zur Seite und verschwanden in der Schwabinger 7. Dort sangen sie laut Songs ihres Großvaters Uwe Ochsenknecht, sodass sich das Lokal schnell leerte.

Die Münchner Freiheit stand fast zur Gänze unter Wasser, Fillmooser blickte entschuldigend. Ihm war so sentimental zumute. Er erinnerte sich, dass er früher den kleinen Ochsenrotzbengel windelweich geprügelt hätte, ein schneller Griff unter den Rippenbogen, einmal schnell ins Herz gekniffen und der Ochs wär nach Haus gekrochen. Vorbei die Zeiten, er fühlte sich wie ein Seelöwe, der von Pinguinen im Judo besiegt wird. Je mehr er weinte, desto mehr Tränen produzierte sein Körper, der früher problemlos während zwei Orgasmen drei Motorradrocker verprügeln konnte. Fillmooser hatte früher mit dem Mund die Reifen eines LKWs aufblasen können – und heute? Ich selber bekam feuchte Augen. Ich hatte in der *Abendzeitung* einst Fotos gesehen, wie Fillmooser den jungen Ottfried Fischer und den ausgefressenen Franz Josef Strauß gemeinsam auf den Schultern zum Oktoberfest trug, im Arm 40 Maß Bier. Ein starker Bayer war jetzt Meier. Soll man da nicht eine Träne verdrücken? Als blickte man mit einem Fernglas in die eigene Zukunft. Ich war Fillmooser, und die Ochsenknechte waren die jungen Arschnasen, die mir auf meiner herumtanzen würden in 40 Jahren. So standen wir zu zweit vor der Schwabinger 7 in einem Meer aus Tränen. Tränen der Erinnerung bei ihm und Tränen der Vorausschau bei mir. Aus der Schwabinger 7 hörten wir leise Ruud Rouge und Pjotr Pink immer mehr Uwe-Ochsenknecht-Lieder singen. Das war noch mehr zum Heulen.

Erste und letzte Hilfe

Immer, wenn ich in Altaussee bin, hab ich große Angst davor, Klaus Maria Brandauer auf der nach ihm benannten Promenade zu treffen. Dann müsste ich ihn grüßen und er würde stundenlang über sich sprechen. Es gibt Menschen, die können nicht mehr von sich abstrahieren auf die Welt. In Vorarlberg kenn ich jemanden, der spricht so lange ausschließlich über sich, bis alle den Raum verlassen haben. Ich hab dann mal durchs Fenster gestiert. Er saß allein am Tisch und sprach noch immer von sich. In Albträumen brech ich auf der Brandauer-Promenade vor *ihm* zusammen, Herzinfarkt vielleicht, Schlaganfall? Im Traum weiß ichs nicht, ich bin ja nicht bei Bewusstsein, weder im Traum noch in Echt. Jedenfalls fall ich vor ihm auf den Kiesel und er ruft in schönstem Theaterdeutsch: »Er ist vor mir auf die Knie gefallen. Vor mir! Mein Publikum liebt mich! Weh mir, der ich der Ärmste bin, getrieben von der Gnade des Talents und der Bewunderung der einfachen Leut!« Manchmal wach ich dann auf. Traurig, nicht am schönen See zu sein, aber froh, weder Herzinfarkt noch Brandauer als Gesprächspartner zu haben.

Grundsätzlich gilt: Man sollte schauen, wo man geht. In Wien beim Heurigen wird man nicht überrascht sein, den Wiener Bürgermeister zu treffen. Liegt man in Salzburg im Sommer betrunken nachts vor einem Lodengeschäft, ist es nicht unwahrscheinlich, dass Ben Becker versucht, sich mit einem selbst zuzudecken. Stand man in den 50er-Jahren in Salzburg vor einem Spiegel, stand sehr wahrscheinlich ein blondgescheitelter Herr in einem schwarzen Rollkragenpullover neben einem und karajante sich die Frisur. Und wenn in den 70ern wer um punkt halb zwölf auf seinem Mittagstisch bestand und »Nicht?« und »Net woahr?« rief, dann wars der Bernhard, der mir leidtut, weil er so viel Zeit mit dem Peymann verbringen musste, neben dem ich auch keinen Herzinfarkt haben möchte. Auch Peymann kommt aus seinem Peymannland nicht raus. Von armen Theaterleuten hört man furchtbarste Geschichten über den Selbstverliebten. Von linken Utopien brabbeln und dabei ein schreckliches Regime führen.

Wenn man mit Brandauer und Peymann und Ben Becker und Karajan zusammen auf einem kenternden Kreuzfahrtschiff wäre, wie groß wär die Wahrscheinlichkeit, dass einer der Herren einem behilflich wär? Kann man das in Prozenten ausdrücken oder eher in Promille?

Ich kenn einen alten Punk. Er selber sagt, er mache schon so lange Punkmusik, man könne seine Musik als »klassischen Punk« bezeichnen. Obwohl ihm nach einem Gartenunfall eine Gartenkralle in seinem Steißbein steckte, rettete er einmal in der Dom-Rep ein Faultier vor dem sicheren Tod. Das narkoleptische Tier lag schlapp mitten auf der Straße. Ein Bus kam drohend näher. Mein humpelnder Irokesenbekannter zog das Faultier im letzten Moment zur Seite und hängte das verdutzte, nach Gottes Ebenbild erschaffene Schlapptier an den nächstbesten Baum. Der Bus, das sollte er später erfahren, war der gleiche Bus, der einstmals Falco zum Verhängnis geworden war. Hätte Falco dem Tier geholfen? Hätten Brandauer, Peymann, Becker und Karajan Falco geholfen? Oder hätten sie alle wild durcheinander über sich gesprochen? Falls mir mal was passiert, möchte ich jedenfalls lieber einen klassischen Punk an meiner Seite wissen.

Irmelin

Manchmal, mehr oft als selten, steige ich aus der U-Bahn zwischen zwei Stationen aus, weil ichs nicht mehr aushalte, junge Mütter über ihre Kinder sprechen zu hören. Schwere Verletzungen beim Aus-der-U-Bahn-Springen nehme ich billigend in Kauf. Lieber sich in Hochspannungsdrähten verheddern und brutzelnd auf die Schienen fallen als noch mehr materialistische Angebergeschichten zu hören. Dass jedes Kind das Schönste ist, egal wie affengesichtig es aus der Trage glotzt, sei ertragen. Liebe macht blind und Mütter können nicht sehen, wie teigig und schönlos es am Busen nuckelt. Für jede Mutter sieht ihr Kind aus wie die junge Kate Moss, auch wenns in Wahrheit aussieht wie die alte Miss Marple. Mütter habens an der Optik. Wenn sie also über ihren sabbernden Fleischberg orgasmoide Entzückungsschreie ausstoßen – kein Problem. Ein Freund von mir sammelt Nacktkatzen, die aussehen, als hätte Gott sich bei der Schöpfung ein Halloweenkostüm gebastelt. Er findet sie hübsch, auch wenn sich jeder objektive Betrachter übergeben muss. Schönheit liegt im Schaßauge des Betrachters.

Aber wenn ich in der U4 neben mir höre: »Tex ist zwei. Wir gehen Mutter-Kind-Turnen. Sein Trainer sagt, ein so begabtes Kind wie Tex hat er noch nie gesehen. Tex könnte, da bin ich sicher, mit drei aus dem Handstand einen Flickflack machen. Unglaublich geschmeidig ist mein Tex!« Dann sag ich: »Der Fettsack kann nicht mal stehen!« Und spring aus der U-Bahn.

Oder: »Eve-Charlotte malend? Hat man noch nie gesehen. Ein Pinselstrich! Wir haben einen Freund an der Angewandten. Der sagt auch, Eve-Charlotte hat etwas, das kannst du nicht lernen. Sie ist nicht mal ein Jahr alt, aber das ist, als wüsste sie etwas, als kennte sie die Welt hinter der Welt. Das sagt jeder!« Dann sag ich: »Kann ich das Bild mal sehen? Eve-Charlotte hat einen Pinselstrich wie ein Nilpferd!« Und spring aus der U-Bahn.

Oder: »Als Anton-Maria an der Nabelschnur hing, da starrte er mich an, das glaubst du nicht. Der Arzt sagte, Anton-Maria sei das mit Riesenabstand allerschönste Kind, das jemals in Wien auf die Welt gekommen sei, aber der Blick! Anton-Marias Blick – das hatte was Internationales. Das ging weit über Wien hinaus. Der Arzt und die Hebamme, die wurden andächtig! Andächtig! Heute ist Anton-Maria zwei Wochen alt, aber ich schwör dir: Die Leute sehen ihn an, wie man ein Wunder anschaut. Als würd die Titanic auftauchen!«

Dann sag ich zum Beispiel: »Titanic? Stimmt. Er hat sich angeschifft, ihr Secondhanddicaprio!« Und spring aus der U-Bahn.

Als meine Tochter geboren wurde, da schauten alle in der U-Bahn auf sie. Sie war ausgesprochen hübsch und hatte einen klaren, intelligenten Blick. Ich musste keine Übertreibungsgeschichten erzählen. Ich hielt sie schweigend im Arm und die Leute merkten es von selbst. Dass da ein ganz besonderer kleiner Mensch in meinem Arm schlief. Da sprang keiner aus dem fahrenden Zug. Sie nickten mir anerkennend zu und ich nickte freundlich zurück.

Nachdem ich das letzte Mal aus der U6 gesprungen war, lernte ich, während ich im UKH Meidling gegipst wurde, auf der Nebenbahre Irmelin kennen. Sie ist acht, höchstbegabt und kommt aus Bad Radkersburg (Vulkanland). Sie sagte mir, dass sie Mathematik studiert und voraussichtlich noch in diesem Semester habilitiert. Ihr Problem ist ihre dumme Schwester, die das Zimmer mit ihr teilt. Die Schwester hat einen IQ von unter 76 und gilt haarscharf *nicht* als geistig behindert. Die blöde Schwester liegt den ganzen Tag rülpsend auf dem Bett und hört den alten Sommerhit *Vamos a la playa* in unglaublicher Lautstärke. Während Irmelin daneben versucht, die letzten Rätsel der Menschheit zu lösen. Irmelin hat inzwischen *Vamos a la playa* ins Lateinische übersetzt, ins Neu-, Alt- und Mittelgriechische. In Keilschrift hat sie es geschrieben und in Hieroglyphen. Es surrt ständig in ihrem Kopf. Irmelin ist acht und will ihre Ruhe haben. Die Krankenkasse hatte ihr empfohlen, zwei Wochen mit Delfinen zu schwimmen. Das half nicht. Immer vamosalaplayate es in ihrem Kopf. Deshalb hatte Irmelin versucht, sich mit dem Amboss den Steigbügel im Ohr zu zertrümmern. Ihr Ohr war jetzt eingegipst.

»Wenn du das nächste Mal *Vamos a la playa* hörst, stell dir einfach vor, dass du U-Bahn fährst und rausspringst, sobald das Lied beginnt. Die U-Bahn fährt dann mit dem Scheißlied weg und du gehst zu Fuß fröhlich pfeifend, wohin du willst.«

Irmelin nickte ernst. Es gibt ja wirklich tolle Kinder. Ich hab mir aus Gips Ohrenstöpsel gemacht. Die werde ich jetzt einsetzen, wenn Mütter Angebergeschichten erzählen. Ich werde aussehen wie Irmelin. Das ist weniger schmerzhaft als immerzu aus der U-Bahn zu springen.

Ein Lippenknall

Wie ein platzender Frosch klang es, als ihre Lippe platzte und Silikon ins Schaumsüppchen plumpste. Sie hatte ihre Lippe riskiert und verloren. »What shalls?«, murmelte sie tapfer und aß weiter.

Schnell sammelte sich Kresse in der offenen Lippe. Manche Frauen sind sehr hart im Nehmen. Frau Börne war hart. Sie hatte sich erst mit 80 von ihrem Mann getrennt, weil sie hatte warten wollen, bis die Kinder tot sind. Frau Börne hatte ich kurz nach ihrer Scheidung in der Loos Bar kennengelernt. Sie trank gern »Schnapserl im Dreivierteltakt« – erst drei Schnäpse und dann vier. Sie hatte nie geraucht, jetzt fing sie an. Rauchverbote in U-Bahnen oder Zügen ignorierte sie. Sie fand sich zu alt, als dass sie sich noch an Gesetze halten müsse. Herr Börne hatte ein Vermögen gemacht mit einem Patent-Computerprogramm, das er sich patentieren ließ. Wann immer jemand etwas erfunden hatte, benutzte er Börnes Programm, um die Erfindung offiziell zu machen. Ein Bastlerhit, mit dem Börne sich blöd verdiente. Er selber hatte außerdem noch einen Regenmantel für Tabakpfeifen erfunden. Ihm war aufgefallen, dass viele Pfeifenraucher bei Regen ihre Pfeife einsteckten, damit das edle Teil nicht nass wird. Mit dem Pfeifenmantel aus Ostfriesennerz konnte man auch bei sintflutartigen Regenfällen rauchen. Eine geile Idee, aber sonst war der alte Börne stinkfad und so erotisch wie ein Brillenetui.

»Ungeil, alt und ungeil, reich, aber nicht sexier als eine überfahrene Taube«, sagte Frau Börne. Und sie zeigte mir ihr Tagebuch, in das sie schon wenige Tage nach ihrer Hochzeit 1952 geschrieben hatte: »Liebes Tagebuch. Was ist prickelnder als mein Mann? Da fallen mir spontan mindestens zehntausend Dinge ein: ein benutztes Wattestäbchen, eine Trockendattel, ein leeres Glas Milch, Schneeregen, ein leeres Blatt Papier, der Gedanke an ein leeres Blatt Papier, sogar die langatmige Erzählung eines anderen Menschen über ein leeres Blatt Papier ist geiler als mein Mann. Der alte Schnarchschädel raucht Pfeife und umwickelt sie dann mit alten Knirps-Regenschirmen! Muss ich mehr sagen? Ich hatte einmal eine Magen-Darm-Grippe, die war mir beim Oarscherl lieber als dieses fade Flascherl!«

Auf meine nicht ganz unberechtigte Frage, warum sie ihn denn geheiratet hätte, erklärte sie mir, der Schnaps sei schuld gewesen. Eine Bar, sie an der Theke im Dreivierteltakt, den Mann hätte sie nur ganz verschwommen wahrgenommen. Unscharf wirkte er deutlich besser, erinnerte sie sich. In der Nacht entstanden die Zwillinge. Sie waren hässlich und sahen sich ähnlich. »Das sah ihm ähnlich, dass er nur schiache Kinder zeugen konnte«, sagte mir Frau Börne, wenige Stunden nach der Scheidung. »Sie waren in den Twin Towers, als die irren Moslems da reingeflogen sind. Haben Sie nichts davon gelesen? ›The Twin-Towers-Twins‹? Ich hab gleich danach die Scheidung eingereicht und mir die Brüste vergrößern lassen. Und die Lippen. An meinem 80. Geburtstag. Dann hab ich mir über eine Agentur einen Afroamerikaner besorgt, mit einem Schwanz so groß wie das Empire State Building. Mit dem hab ich zwei Jahre in einer rein sexuellen Beziehung zusammengelebt. Als er 25 wurde, hab ich mir einen Jüngeren gesucht. Ich bin jetzt 84, er wird im Dezember 20. Im Dezember 2015!« Sie lachte und trank einen schnellen Walzer. Damit sie zumindest eine ehrbare Grundlage beim Trinken hätte, schob ich ihr mein Schaumsüppchen rüber. Sie griff mir in den Schritt und schnalzte mit der Zunge. Sie beugte sich über die Suppe, da platzte die Lippe. »Soll Schlimmeres geschehn. I am a lucky woman. Das Glück is a Vogerl, und ist bei denen, die vögeln«, sagte sie und aß meine Suppe mitsamt den Silikonresten auf.

Goch Scharch

»Goch«, sagte er, wenn er »doch« meinte. Und wenn er auf Englisch einen Aschenbecher bestellte, verlangte er nach einem »ash tree«. Vielleicht dachte er, die wachsen im Wald? Schlechte Lokale nannte er »Kammeschen«. Ich brauchte Jahre, bis ich begriff, dass er von Kaschemmen spricht. »Hast du das Interyou mit dem Dings gesehen?«, fragte er mich vor wenigen Tagen.

»Du meinst das Interview mit dem Musiker Nino aus Wien?« Inzwischen versteh ich ihn, auch wenn alle wichtigen Informationen in seinen Sätzen fehlen oder falsch verwendet werden. Seine Sätze waren wie falsch zusammengesetzte Ikearegale, die man in seiner Verzweiflung mit einem Hammer zusammenklopft, sodass sie irgendwie eine Art Möbel ergeben.

»Ja, goch. Mino. Das Interyou hab ich in ÖRF gesehen. Mino kennst du goch?«

»Ja, klar. Kenn ich. War das das Interview, in dem er vor einem Konzert gefragt wurde, ob er bezüglich des Bühnenlichts irgendwelche Wünsche habe und der großartige Nino sagte: ›Gibt es grau?‹«

»Ja goch, das mein ich!« Er kicherte sich in die hohle Hand und sah aus wie eine 200 Jahre alte Romanfigur von Charles Dickens. Als nebelte das alte London aus ihm heraus.

Heinz kam aus Bremen und nuschelte wie James Last. Als kaue er beim Sprechen auf Socken herum. Dazu eine aschfahle Haut, als würde sie von Nino aus Wien beleuchtet werden. Auf dem unförmigen Kopf, der aufgrund seiner Form mindestens einmal unangenehme Bekanntschaft mit einem Vorschlaghammer gemacht haben musste, wuchsen leblose Haare. Die Haarfarbe würde man im London von Charles Dickens als »ash tree colour« bezeichnen, wenn dort alle so sprächen, wie Heinz glaubt, dass sie es tun.

Heinz war Koch auf einem Bremerhavener Fischkutter gewesen. Statt einer Schulausbildung hatte er gelernt, bei Sturm während des Kotzens zu trinken und dabei seelenruhig weiterzukochen. Die Töpfe flogen ihm um die Ohren, siedend heißes Fett spritzte in alle Richtungen und hinterließ versengend Kraterlandschaften auf seinem Gesicht und den Armen und dem Bauch.

»15 Jahre hab ich gekocht, goch nie so Entenkot, so feine Sachen nicht!«

Entrecote gabs also nicht, aber jeden Tag Fisch. Kabeljau, Hering, Scholle, Dorsch.

So viel Fisch so viele Jahre. Bald roch er nach Fisch, auch wenn er Fleisch aß. Irgendwann waren ihm Gräten gewachsen, davon ging er aus. Würde man ihn röntgen, sähe man seine Kiemen, da war er sich sicher. Deshalb bekam er jetzt, wo er an Land lebte, auch so schlecht Luft. Nicht die zehn Packungen Javaanse Jongens, die er pro Woche rauchte machte er verantwortlich für sein Röcheln nach Luft und das Rasseln in seinem Brustkorb, sondern seine »Verfischung«, seine Fischwerdung.

»Hast du das Interyou gesehen mit der einen in der Dings von der Dings?«

»Du meinst *Alltagsgeschichten* von der Spira, als es um einen Markt ging, und da wurde eine alte Frau interviewt, was sie einkaufe, und sie sagte: Knochen für den Hund. Und da fragte die Spira: ›Was habens denn für einen Hund?‹ Und da sagte die alte Frau: ›An Dorsch!‹«

»Genau!« Er kicherte wieder in seine »Flosse«, wie er seine Hand nannte. Nachdem man die Nordsee nicht mehr auf Teufel komm raus leerfischen durfte und sich an Fangquoten halten musste, hatte die Reederei zuerst den nach Fisch stinkenden Heinz aus der Kombüse und von Bord geschmissen. Er folgte dem Lauf der Weser ins Landesinnere und landete nach vielen Jahren und vielen Flüssen, denen er folgte, an der Donau. Hier grub er sich an der Donauinsel ein ein Meter tiefes Loch und legte eine Styropormatte in das Loch. Dort liegt er, auch im Winter, unter zwei stinkenden Schlafsäcken, die in allen Mülldeponien Wiens als Sondermüll behandelt würden.

»Ist das nicht bitterkalt, Heinz?«, fragte ich ihn.

»Goch«, antwortete er und hustete. Er hatte mich einmal beim Schachspielen mit Riesenfiguren geschlagen. So hatten wir uns kennengelernt.

»Scharch!«, hatte er damals gesagt.

»Schach? Nein, das ist kein Schach«, hatte ich geantwortet.

»Goch«, hatte er gesagt, mit seinem Pferd meinen Turm geschlagen und mich matt gesetzt.

Ich hatte ihm später angeboten, beim ORF zu arbeiten. Als Büroleiter oder Stiftungsrat oder als Gagautor. Weil er sich alle Interviews im ORF anschaute, hatte ich gedacht, Fernsehen würde ihn interessieren. Aber er hatte es vorgezogen, neben dem Fluss und in seinem Loch zu bleiben.

»So weit ist der ORF also schon gesunken, dass du lieber in einem Erdloch bleibst«, sagte ich resignativ. »In einem Erdloch zu hocken, das ist doch nicht besser als beim ORF zu arbeiten!«

»Goch«, hatte er gesagt.

Gestern sah ich ein »Interyou« mit einem Streetworker. Heinz war in die Donau gefallen und ertrunken, hieß es.

Das glaube ich nicht. Heinz kann nicht ertrinken. Er hat Kiemen. Goch, ganz bestimmt.

Graf Horst

Bislang, Gründe unerfindlich, nicht aufgeführter Einakter, konzipiert für »Impulstanz 2013« bzw. den »Steirischen Herbst 2019«.

Ort: Ein riesiger, prunkvoller Tanzsaal, halb Reiterhalle, halb Turnhalle. 2000 Statisten sitzen auf ebenso vielen Ponys. Oder, je nach Budgetlage, auf einem. Je nach finanzieller Ausstattung könnte der Tanzsaal auch eine Probebühne sein, oder ein Foyer, oder ein Treppenhaus.

Ein Gospelchor singt den letzten Ton eines Gospels. Oder, je nach Budgetlage, drei schwarze Gospelsängerinnen, oder, je nach Budgetlage eine weiße Sängerin oder, je nach Budgetlage eine Schauspielerin, die lippensynchron den einen Ton voll playback singt.

Vorne sitzt Graf Horst. Aus vorauseilenden, budgetären Erwägungen heraus steht er. Nur mit einer Unterhose bekleidet. Er ist groß und prächtig anzusehen, je nach Budgetlage kann er aber auch klein und missgebildet sein. Mit derselben Unterhose bekleidet (Budget!) steht Baronin Bärbel neben Graf Horst. Sie ist jung und schön, je nach Budgetlage kann sie auch alt und schiach sein. Sie ist verzweifelt.

Baronin Bärbel: Graf Horst!
Graf Horst: Ja!
Baronin Bärbel: Graf Horst, beim Ausreiten ist etwas Furchtbares passiert.
Graf Horst: Ja!
Baronin Bärbel: Ich habe beim Reiten Manuela die Zunge gezeigt.
Graf Horst: Ja!
Baronin Bärbel: Und genau in dem Moment hat mir eine türkische Taube auf die Zunge geschissen. Schau mal, Graf Horst! (zeigt Riesenschiss auf der Zunge)
Graf Horst: Ja!

Baronin Bärbel: Oh, Graf Horst. Hab ich jetzt die Vogelgrippe?

Graf Horst: Ja!

Baronin Bärbel: Oh, Graf Horst! Unter diesen Umständen wirst du mich wahrscheinlich nicht mehr lieben.

Graf Horst: Ja!

Baronin Bärbel: Ja, schade, Graf Horst. Die Zeit mit dir war wunderschön!

Graf Horst: (denkt lange nach) Geht so.

Lange anhaltender Applaus. Beide verbeugen sich. Je nach Budget verbeugt sich nur Graf Horst oder nur Baronin Bärbel, die, je nach finanzieller Lage, auch beide von einem Schauspieler gespielt werden können, der, je nach Budget, kein Schauspieler sein muss. Auch der Applaus kann kurz sein, je nachdem, beziehungsweise muss gar nicht geklatscht werden.

Sechs Österreicher unter den ersten fünf

Ich habe dieser Tage einen Österreich-Verherrlichungsroman geschrieben. *Sechs Österreicher unter den ersten fünf* heißt er und ist eine Bejubelung meiner Wahlheimat, auch wenn die Bejubelten es vielleicht gar nicht merken und sich unbejubelt vorkommen. Aber, Hand aufs Herz wie Krankl, als er noch Teamchef war, tatsächlich kommt Österreich in meinem Buch sehr gut weg. Deutlich besser als die Deutschen in Österreich, bis auf den Ich-Erzähler, der kommt eigentlich auch gut weg, vielleicht, weil es sich um mich selbst handelt.

»Sechs Österreicher unter den ersten fünf« lautete eine Überschrift im *Abendsport*. Ich habe seit Jahren daheim eine gelbe Postkarte mit diesem Satz hängen. Bis heute weiß ich nicht, wobei und wann Österreicher derart überlegen waren. Jeden Morgen starre ich diese Postkarte an und grüble. Wie können sechs unter den ersten fünf sein? War ein siamesisches Zwillingspaar dabei? Wenn siamesische Zwillinge mitgemacht haben, war es dann nicht wahrscheinlich Behindertensport? Ein Kopf-an-Kopf-Rennen der siamesischen Zwillinge? Aber es ist nicht sehr wahrscheinlich, dass siamesische Zwillinge zusammen mit nicht-siamesischen Zwillingen in einer Sportart antreten müssen. In praktisch jeder Sportart wären sie benachteiligt. Bis auf Schach, vielleicht.

Können Sie sich vorstellen, wie man jeden Morgen dasitzt und grimmig in den Kaffee schaut und ärgerlich ins Müsli beißt, weil man den Satz nicht begreift? Vielleicht hatte ein Österreicher auch die doppelte Staatsbürgerschaft. Zweimal Österreich. Mutter Österreicherin, Vater Österreicher und er beantragt deshalb die doppelte Staatsbürgerschaft, alle anderen unter den ersten fünf haben den einfachen Reisepass. Der eine aber hat den Doppeladler doppelt, also vier Adler auf einem Pass. Unwahrscheinlich. Und: Um welche Sportart geht's? In welcher Sportart sind Österreicher derart überlegen? Natürlich könnten es auch nationale Meisterschaften gewesen sein. Ausschließlich Österreicher waren zugelassen, no na, waren also sechs Österreicher unter den ersten fünf, von denen einer Siamese war oder Doppelösi.

Es gibt Länder, die in bestimmten Sportarten weit voraus sind. Taiwan beispielsweise im Gelsen-Töten. Die Taiwanesin Huang Yu-yen erschlug in einem Wettbewerb vier Millionen Gelsen, doppelt so viele wie die Zweitplatzierte. Zweiundsiebzig Teilnehmerinnen gab es. Zweiundsiebzig Taiwanesinnen unter den ersten zweiundsiebzig.

Amerikaner können sehr gut sehr viele Hot Dogs essen. Im täglichen Alltag und auch, wenns drauf ankommt. Das Internationale Hot-Dog-Wettessen wird seit 1916 jedes Jahr am vierten Juli in Coney Island ausgetragen. Am Independence Day erringt derjenige den Sieg, der innerhalb von zwölf Minuten die meisten Hot Dogs essen kann. In mehreren öffentlichen Vorausscheidungsessen müssen die Kandidaten sich fürs große Wettfressfinale qualifizieren. Dem Sieger winkt der offizielle Weltmeistertitel: der »Gelbe Senfgürtel«. 2007 feierten die Amis beim 92. Wettbewerb Joey Chestnut, der mit 66 gegen 63 Hot Dogs den Titel nach einem Jahrzehnt in die USA zurückholte und einen neuen Weltrekord aufstellte. Sein japanischer Hauptgegner litt allerdings in diesem Jahr an einer Kiefergelenksarthritis und einem kurz zuvor gezogenen Weisheitszahn. Versuchen Sie mal mit Kiefergelenksarthritis 66 Hot Dogs zu essen. Inzwischen steigerte Chestnut den Weltrekord auf 68 Hot Dogs.

Polen wiederum sind gute Pfahlsitzer. Daniel Baraniuk hält seit 2002 den Weltrekord. 196 Tage verbrachte er auf einer 0,25 Quadratmeter großen Plattform eines 2,5 Meter hohen Pfahls. Als Ausrüstung erhält jeder Teilnehmer beim Pfahlsitzen einen Schirm, eine Leselampe und einen Aschenbecher. Ein Finne gewann in sechs Minuten bei 110 Grad die Sauna-WM. Sein russischer Rivale starb. Teilweise verbrannt schwitzte er sich tot. Daran denke ich jeden Morgen, wenn ich auf die gelbe Postkarte schaue. Sechs Österreicher unter den ersten fünf. Wenn Sie Lust haben, lesen Sie den Roman. Er ist nicht in Weltrekordzeit geschrieben worden.

Horns hinnige Zange

2012 war Fußball-EM in Polen und der Ukraine. Fußball-EM – oder wie man in Österreich sagt: das Leben der anderen. Der Vorteil daran ist, dass man den Sommer sinnvoll gestalten kann. Man könnte zum Beispiel das Gehäuse seines Festnetztelefons putzen. Blitzblank. Ich musste mal 1986 bei der Deutschen Bundeswehr ein ganzes Wochenende lang ein komplett verklebtes und verlottertes Telefon reinigen. Am Hörer dieses altertümlichen, ursprünglich cremig-grauen Telefons hatten Generationen von jungen deutschen Männern oben ihren Ohrenschmalz abgerieben und unten aus pickligen Mündern in die Sprechmuschel reingetropft.

Bei einem Marsch hatte sich bei mir eine zwei Euro große Blase an der Ferse gebildet, die aufgeplatzt war, sodass bei jedem Schritt Blut in meinen Schuh tropfte. Es fühlte sich an, als übte ein Messerwerfer in meinem Stiefel. Ich blieb also stehen und weigerte mich, für Deutschland mein Leben auf dem Feld der Ehre (einem Acker im Emsland) zu verlieren. Die Vorgesetzten schrien mich an, ich solle verdammt noch mal die Arschbacken zusammenkneifen und weitermarschieren, aber mir erschien die Befehlsverweigerung samt allen Konsequenzen deutlich angenehmer als die Vorstellung, mit blutenden Schuhen weiter über triste Felder zu humpeln. (Das Emsland ist nämlich kein Ort, an dem man gern spazieren geht. Das Emsland sieht aus wie die Nachgeburt der Erschaffung der Welt.)

Weil Deutschland und die NATO wegen mir den Kalten Krieg praktisch verloren hatten, musste ich als einziger Wehrdiener am Wochenende in der Kaserne bleiben und das Telefon putzen.

48 Stunden lang wischte ich wie ein geistesgestörter Spargelrambo auf dem vollgesifften Sprechknochen herum. Ich entfernte die Wählscheibe und fand unter der Wählscheibe Essensreste aus den 70er-Jahren, Haare aus den 60ern und Schuppen aus den 50ern.

Als das Telefon in seinen armseligen Einzelteilen vor mir lag und ich angeekelt mit meinem Dienst am Vaterland begann, verstand ich, warum man damals immer davon sprach, die Deutsche Bundeswehr sei eine Kostümgruppe, die im Ernstfall so lange den Feind ablenken solle, bis echtes Militär käme. Mit solchen Telefonen gewinnt man keine Kriege.

Nach 48 Stunden intensivster Pflege sah das Telefon noch immer beschissen aus. Die anderen Wehrdiener trudelten aus ihren tollen Wochenenden in die Kaserne ein. Ich baute das Telefon wieder zusammen, wählte die Durchwahl meines Kasernenchefs und verkündete ihm, dass ich den Kriegsdienst verweigern würde.

Ich wurde dann der einzige mir bekannte deutsche Zivildiener, der 48 Stunden lang ein Bundeswehrtelefon geputzt hat. Wenn ich irgendwann mal Deutscher Verteidigungsminister werden sollte, lass ich das Telefon im Emsland suchen und in einem Bundeswehr-Museum ausstellen. Oder ich schenk es dem Wien Museum. Das konnte man nämlich auch gut besuchen, während die anderen Europäer ihren Nationalteams in Polen und der Ukraine die Daumen drückten. (Die waren übrigens beide damals Feinde und hätten meine blutende Ferse samt Befehlsverweigerung herrlich für einen Überraschungsangriff ausnutzen können! Schade, Warschauer Pakt. Pech gehabt!)

Dem Wien Museum hab ich meinen gelben Fremdenpass gespendet, den ich als Deutscher in Wien bis zum Eintritt Österreichs in die EU mit mir tragen und einmal im Jahr verlängern musste. Mein Fremdenpass liegt in einer Vitrine, gleich neben der Original-Mundharmonika von Wolfgang Ambros. Was in die wohl alles vom Wolferl hineingespuckt wurde? Wenn man die heute spielt, hat man anschließend einen Kater. Es gibt eine Reliquie mit Originalblut von Engelbert Dollfuß, ein Fußballtrikot von Toni Polster, den Dienstwagen von Bruno Kreisky und die Drahtzange, mit der am 27. Juni 1989 der Eiserne Vorhang an der Österreichisch-Ungarischen Grenze durchtrennt wurde. Zum damaligen Zeitpunkt war die Grenze übrigens bereits offen und der Grenzzaun komplett abgebaut. Sie haben ein kleines Stück noch mal aufgebaut, damit Alois Mock und der ungarische Außenminister Gyula Horn den Zaun für die Fotografen symbolisch durchtrennen konnten. Horn war sein ganzes Leben lang wütend, weil die Österreicher ihm eine stumpfe Zange gegeben haben. Während also Mock elegant den Draht zerschnitt, plagte sich Horn wie ein Grenzdebiler schnaufend und dampfend mit dem potemkinschen Zaun. Eine herrlich sinnfreie Tat. Fast so blöd, wie 48 Stunden lang ein ranziges Telefon zu putzen. Beides hätte man sich ersparen können. Wenn der Warschauer Pakt 1986 die Schwäche des Westens ausgenutzt hätte und im Emsland einmarschiert wäre. Sie hätten auch Bomben auf die Felder werfen können. Das Emsland wäre durch die Bomben mit Sicherheit eher schöner geworden.

Die Fußball-EM-Clubtour

Während der Fußball-Europameisterschaft 2012 arbeitete ich mit meinem Kollegen Grissemann zusammen für einen Reiseveranstalter. Wir traten in Ferienclubs in Spanien, Ägypten, Griechenland und der Türkei auf, zusammen mit ehemaligen österreichischen Profifußballern. Ich führte Tagebuch.

8. 6. Candia Maris
Liebes Tagebuch,
am Skylink in Wien sind wir etwa 60 Kilometer gewandert, bis wir an unserem Gate waren. Unglaubliche Wege muss man da zurücklegen. Am Schwechater Flughafen überlegen sie, einen neuen Terminal zu bauen, von dem aus man dann zu seinem eigentlichen Terminal fliegen kann. Unterwegs sprachen wir mit anderen Touristen über die gestiegenen Flugpreise und dass man bei der AUA inzwischen fast 400 Liter Tomatensaft trinken muss, damit sich Flüge rechnen. Ryan-Air-Passagieren mussten wir erklären, was »fliegen« heißt. »Das ist bei Ryan Air das zwischen den Notlandungen. Das nennt man fliegen«, erklärten wir ihnen.

Unser Flug nach Heraklion war sehr angenehm. Wir sind mit diesem neuen Riesen-Airbus geflogen. Wahnsinnig großes Flugzeug. Der Airbus ist so groß, dass wir zwar in Schwechat eingestiegen sind, die Flugzeugschnauze war aber bereits in Kreta. Herrlich. Wir konnten durchs Flugzeug nach Griechenland laufen. Das kam meiner Flugangst entgegen. Ich saufe ja literweise Bachblüten, um meine Flugangst in den Griff zu bekommen. Grissemann wiederum hat Bachblütenangst und muss gegen diese Angst ständig anfliegen.

Am Flughafen wurden wir von den Griechen weder um Autogramme noch um Handyfotos gebeten. Komisch. Entweder sind die Griechen zu arm für Papier, Stifte und Handys, oder die Griechen verfolgen die österreichische Unterhaltungsbranche nicht so. Wir vermuten Ersteres.

Der Club in Candia Maris ist der schönste Club der Welt. Die schönsten Pools, die schönsten Zimmer, das schönste Meer, das beste Essen. Der FC Barcelona unter den Clubs. Wir waren ja bisher immer in Urlaubsclubs, die eher so was wie die Viktoria Wien unter den Clubs waren. Toni Polster übrigens ist Trainer bei Viktoria Wien. Polster ist immer noch genauso fit und beweglich wie zu seiner aktiven Zeit. Das heißt: Er bewegt sich nicht bis gar nicht. Aber wann immer man ihm einen Ball zuwirft, schießt er ein Tor. Selbst am Klo oder im Restaurant oder in der Disco. Mit ihm und dem wahnsinnig schönen Michi Wagner werden wir am Abend das Fußball-EM-Spiel Russland gegen Tschechien anschauen und kommentieren. Alle Frauen der Hotelanlage wollen kommen und versuchen, Michi Wagner abzuschleppen, um mit ihm ein neues Leben zu beginnen.

Die Männer der Hotelanlage werden gebannt darauf warten, ob Toni Polster sich einmal bewegt und wir beide werden dazwischen die zurzeit besten Witze der Welt erzählen. Bei den »World Joke Awards« in Wuppertal jedenfalls haben wir die Plätze 1–212 belegt.

Wir beide haben von Fußball keine Ahnung, aber während Michi Wagner sich eben sein Six-and-Seven-Pack einölte und Polster regungslos im Sand stand und auf einen Ball wartete, sagten wir: »Das Spiel wird 4:1 für Russland ausgehen!«

»Blödsinn«, sagte Michi Wagner und überprüfte seine abwaschbaren Arschgeweihe im Badezimmerspiegel. Naja. Er wird's wissen. Er war österreichischer Nationalspieler. Aber wir sollten jetzt langsam mal losgehen. In zwei Stunden beginnt das Spiel und es sind fast 30 Meter bis zur Bühne. Das wird eng für den lieben Toni. Ob es sich ausgeht?

P.S.: Liebes Tagebuch, es ist vorbei. Es war wunderschön. Die Leute haben über unsere Witze gelacht und alle Frauen sind mit Michi Wagner aufs Zimmer gegangen. Polster wird noch immer von den Männern angestarrt, bewegt sich aber nicht. Russland hat 4:1 gewonnen. War wohl Anfängerglück.

10. 6. Fuerteventura
Liebes Tagebuch,
kurz bevor wir gelandet sind, flogen mehrere Windmühlen an unserem Flieger vorbei und Einfamilienhäuser und Eisenbahnzüge. Der Pilot informierte uns, dass es heute mit 22 000 km/h Gegenwind und Windstärke 42 vergleichsweise windstill sei. Teile des Atlantiks flogen uns um die Ohren. Schollen, Krabben und Wale schossen an unserem Bordfenster vorbei. Trotzdem landeten wir butterweich. Der Club auf Fuerteventura ist der schönste Club der Welt. Die schönsten Pools, die geschmackvollsten Zimmer, das wildeste Meer, das beste Essen. Leider muss die hochsympathische Belegschaft stündlich komplett ausgewechselt werden, weil sie wegfliegt. Fuerteventura ist wahrlich ein Surfparadies. Mehrere Kilometer hohe Wellen sind keine Seltenheit. Die besten Surfer der Welt trainieren hier. Sie lassen sich auf ihren Brettern festtackern, damit sie nicht runterfallen. Verrückte Typen. Auch bei Radfahrern ist Fuerteventura beliebt. Wenn man es schafft, gegen den Wind zehn Meter zurückzulegen, bekommt man Oberschenkel mit einem Durchmesser von zwei Metern.

Der ehemalige Teamtormann Franz Wohlfahrt und der ehemalige Teamspieler Thomas Flögel haben es leider nicht hergeschafft. Der Wind hat ihr Flugzeug immer weiter weg von Fuerteventura geblasen. Fast 20 Stunden lang hat der Pilot versucht, dem Wind zu trotzen, dann hat er resigniert und die Maschine irgendwo in Spanien gelandet. Statistisch erreicht nur jedes neunte Flugzeug unsere stürmische Insel im Atlantik.

Schade. Jetzt müssen wir zwei Pappnasen das Spiel Irland gegen Kroatien ohne unsere Männer vom Fach kommentieren. Na bravo. Das ist so, als würde der Dalai Lama einen Kickboxkampf kommentieren. Wir haben keine Ahnung. Wir wussten nicht einmal, dass die Iren zwischen ihren Saufliedern auch tatsächlich Fußball spielen. Na gut, wir tippen mal auf ein 3:1 für die Kroaten. Weil unsere Freunde aus dem Café King in Berlin gesagt haben, dass es so ausgeht. Die müssen das wissen, die saßen alle schon wegen Wettbetrugs und Spielmanipulationen im Gefängnis.

P.S.: Liebes Tagebuch, unsere Bühne wurde zusammen mit uns auf den Atlantik geweht, aber wie durch ein Wunder hat der Wind gedreht und wir landeten wieder mitsamt der Bühne sicher im Magic Life Club. Genau zu dem Zeitpunkt, als das 3:1 für die Kroaten fiel. Dann war Schluss. Die Leute waren begeistert, sie dachten wohl, die Nummer mit der Flugbühne hätte dazugehört.

14. 6. Kalawy
Liebes Tagebuch,
wir waren gerade in der Wüste und haben in einer Höhle neben altem Ziegenkot eine Vase gefunden mit einem noch Neueren Testament. Auf Aramäisch stand dort: »Das Testament ist das allerneueste und jetzt wird auch nichts mehr geändert.« Spektakulärer Fund. Demnach dürfen Priester doch heiraten und Gott ist eigentlich eine Frau und Jesus war verheiratet, stand dort. Seine Frau fand es prima, mit dem Heiland verheiratet zu sein, weil wenn mal kein Wein mehr im Haus war oder nur noch ein Fisch, hat er das ruckzuck hergezaubert. Na ja, wir waren ziemlich aufgeregt, erst, aber dann fanden wir, dass uns das eigentlich nichts angeht. Wir sind ja keine sehr religiösen Menschen. Darum haben wir die Vase wieder hinter dem Ziegenkot versteckt und sind zurück in den Magic Life Club gegangen. Übrigens: Der Club in Kalawy ist der schönste Club der Welt! Mit den allerschönsten Pools, dem allerbesten Essen und den allergeschmackvollsten Zimmern. Unglaublich nette Leute arbeiten hier, und beim Tauchen im Diving Center haben sogar die Korallen und die Fische höflich gegrüßt. So etwas haben wir noch nie zuvor erlebt.

Christian Mayrleb und Thomas Flögel haben sich mit einem gelb-orange gestreiften Fisch angefreundet und überlegen, zu ihm zu ziehen. Weil er einfach ein klasse Typ sei, der gelb-orange Fisch. Wir wollten den beiden Ex-Teamspielern kurz erzählen, dass die Frau von Jesus total überrascht war, dass bei ihrem Mann Geburtstag und Weihnachten auf einen Tag fielen, aber die beiden Kicker hatten keine Lust über etwas anderes als den Fisch zu sprechen.

»Aber wenn wir dann später mit euch zusammen das EM-Spiel Spanien gegen Irland kommentieren, dürft ihr nicht die ganze Zeit über diesen depperten Fisch sprechen«, sagten wir.

»Doch«, sagten sie.

»Was glaubt ihr, wie das Match ausgeht?«, fragten wir die beiden.

»Welches Match?«, fragten sie.

»Mann, Spanien gegen Irland«, sagten wir, schon leicht genervt.

»Ist uns wurscht«, sagte Mayrleb.

»Unser Fisch spielt da nicht mit, also solls ausgehen, wie es will. Uns egal«, sagte Flögel, der daran dachte, mit Mayrleb und dem Fisch zusammen ein Parkhaus in der Wüste zu führen.

»Für Kamele, oder was?«, hatten wir gefragt.

»Mal sehen, soll der Fisch entscheiden«, sagten beide wie aus einem Mund.

»Wir glauben, das Spiel geht 4:0 für Spanien aus«, sagten wir. »Wir haben zwar keine Ahnung, aber könnte doch sein, oder?«

»Nein«, sagten Flögel und Mayrleb, holten Luft und tauchten zu ihrem Fisch.

Als wir später zu viert auf der Bühne saßen, hinterließen Mayrleb und Flögel Pfützen auf den schönen Polstermöbeln. Sie haben sich das Spiel kaum angesehen und hatten nur Augen für ihren bescheuerten Fisch. Die Leute liebten unsere Gags, waren aber auch irritiert über das leuchtende gelborange Wesen, das von Flögel und Mayrleb mit Chips und Salzstangen gefüttert wurde.

P.S.: Das Spiel ging tatsächlich 4:0 für Spanien aus. Langsam wirds unheimlich. Wir haben erste Angebote bekommen, als menschliche Krakenorakel aufzutreten. Niemals. Wir haben beide studiert und können Aramäisch. Da werden wir sicher keine Krakenkostüme anziehen!

21. 6. Sarigerme
Liebes Tagebuch,
es ist sehr warm. Die Krakenkostüme sind unglaublich schwer, wegen der vielen Tentakeln und im Kostüm herrschen tropische Temperaturen. Wir haben eben versucht, mit einem Thermometer zu messen, wie warm es genau ist, aber das Thermometer barst sofort. Wir sind jetzt voller Quecksilber, lassen uns aber nichts anmerken. Wir sind Profis.

Soweit wir das durch die Krakenaugen hindurch beurteilen können, ist der Club in Sarigerme der schönste Club der Welt. Unglaubliche Pools, wunderbare Bucht, tolle Zimmer, erlesenste Speisen.

Michi Wagner und Roman Mählich sind heute und morgen unsere Kollegen. Sie bedauern uns zutiefst, haben aber eine merkwürdige Art, ihr Mitleid zu zeigen. Sie zerren an unseren Tentakeln und drehen uns an ihnen so lange im Kreis, bis wir ohnmächtig werden. Dazu rufen sie Gemeinheiten. »Krakenkoffer« zum Beispiel.

Während wir also komplett dämlich wirken, wird Michi Wagner von Frauen, Männern und Tieren nachgepfiffen und Roman Mählich muss durchgehend Autogramme geben. Als Fernsehfußballanalytiker ist er natürlich weltberühmt in Österreich. Wir müssen ihm mit den Tentakeln Luft zufächern und ihm Getränke holen. Er sieht in uns reine Dienstleistungskraken. Dass wir in Österreich auch Fernsehstars sind, hält er für ein Gerücht. Beim Sport hätten wir die Bedeutung einer Facebookaktie.

»Hä?«, fragten wir aus unserem Krakenkostüm.

»Keine Bedeutung, Krakenkoffer.«

In dem Moment ging Michi Wagner an uns vorbei, an seiner Hand 4000 junge Mädchen aus dem türkischen Hinterland.

»Nerven die Krakenkoffer?«, rief er.

»Ja«, sagte Mählich.

Uns wurde schwarz vor Augen. Die Hitze, das Quecksilber, die Demütigung.

»Also, Krakenkoffer«, sagte Mählich gönnerhaft, während er seinen Namen auf tausend Reiskörner schrieb. Autogramme für Fans in Fernost. »Was tippt die Deppenkrake fürs Viertelfinal-Spiel Tschechien gegen Portugal?«

»0:1«, sagten wir mit letzter Kraft.

Mählich lachte gemein. »Ihr glaubt, die Portugiesen gewinnen? Ihr habt echt überhaupt keine Ahnung«, rief der Fernsehfußballanalytiker und wir wankten mit hängenden Tentakeln zur Bühne, um mit unserer Show zu beginnen. Manchmal, liebes Tagebuch, wünschten wir, wir hätten irgendetwas gelernt. Ein Handwerk. Aber jetzt sind wir zu alt. Wer nimmt einen Kältetechniker Mitte vierzig als Lehrling auf?

P.S.: Die Leute liebten unsere Show. Portugal hat 1:0 gewonnen. Roman Mählich behauptete, das sei genau sein Tipp gewesen. Wir wollten ihn zur Rede stellen, gerieten aber mit unseren Tentakeln in einen Ventilator und hatten eine furchtbar unruhige Nacht.

22. 6. Kiris
Liebes Tagebuch,
Der Club in Kiris ist der schönste Club der Welt. Aber wirklich. Die allerschönste Hotelanlage der Welt, die allerschönste Bucht, die herrlichsten Pools und wunderbare Mitarbeiter, die es schafften, uns aus dem Krakenkostüm zu befreien. Kiris wird für uns immer der Ort sein, an dem wir das Licht der Welt zum zweiten Mal erblicken. Im Zimmer lag eine Postkarte von Mayrleb und Flögel. Der Fisch hat sich für seinen Schwarm und gegen die beiden österreichischen Fußballer entschieden. Sie haben sehr geweint, was aber unter Wasser niemandem aufgefallen ist. Die beiden würden also irgendwann wieder zu uns stoßen und irgendwo an einem anderen Ort ein Parkhaus aufbauen.

Mählich hat sich bei uns entschuldigt, nachdem Herbert Prohaska ihm am Telefon unsere Situation analysiert hat.

Mählich war plötzlich sehr freundlich und erzählte uns von einer Idee, die er habe zum Weltherztag im September. Um Kinder für das Thema zu sensibilisieren, wolle er eine lustige Puppe entwickeln. Den Herzkasperl.

»Und?«, fragten wir, »Was sollen wir da tun?«

»Ihr habt doch Kostümerfahrung. Könntet ihr zwei euch vorstellen als Herzkasperln herumzulaufen? Ein großes Kostüm, in dem ihr beide steckt? Ich stell mir vor, Tag und Nacht, vielleicht ein Jahr lang? Wär für einen guten Zweck!«

»Nein«, sagten wir. Wir hatten schon einmal bei einem Charityprojekt für den Zoo in Schönbrunn eine Woche zusammen mit Schimpansen im Affenhaus gelebt. Im Gehege wurden wir von den Schimpansen gejagt, auf der anderen Seite der Glasscheiben ärgerten uns Kinder und zeigten uns Vögel.

»Schade«, sagte Mählich.

»Geht so«, sagten wir. »Herr Fußballauskenner, was ist der Tipp fürs heutige Viertelfinale?«

In dem Moment ging Michi Wagner an uns vorbei. An der Hand eine Damenfußballmannschaft und 3000 Friseurinnen aus Antalya.

»Deutschland gegen Griechenland?« Wagner musste laut schreien, weil die Kickerinnen und die Friseurinnen ihn furchtbar laut anhimmelten. »Die Deitschen werden paniert. Eins-null Griechenland!«

Mählich nickte nachdenklich. Man sah, wie es in ihm analysierte. »Unentschieden. Verlängerung. Elfmeterschießen. Endergebnis: 32:31 für Griechenland.«

»Aha«, sagten wir. »Wir glauben, dass Deutschland vier Tore schießt und Griechenland nur zwei!«

Mählich lachte und verließ uns kopfschüttelnd. Er musste noch vor dem Spiel über zwei Millionen Autogramme schreiben.

P.S.: Liebes Tagebuch. Das Spiel ging tatsächlich 4:2 aus. Langsam denken wir, dass wir Lotto spielen sollten. Denn von Lotto haben wir auch keine Ahnung.

23. 6. Waterworld
Waterworld ist der schönste Club der Welt, aber wirklich. Und hat die längste Rutsche der Welt. Wir beide sind morgens um sieben losgerutscht und kamen erst am Abend, kurz vor unserem Auftritt, unten an. Über zwölf Stunden sind wir gerutscht. Vielleicht aber auch, weil Frenkie Schinkels uns heimlich Sekundenkleber auf die Badehose geschmiert hat. Die Kinder, die nach uns rutschen wollten, bewarfen uns mit Medizinbällen und Küchenabfällen. Klar, sie wollten rutschen, und dass zwei Komiker aus Österreich die Rutsche versperrten, fanden sie nur mittelkomisch.

Frenkie Schinkels stand derweil unten vor der Rutsche und übergab sich fast vor Lachen. Im Haar hatte er etwa zwölf Kilo Brillantine, darüber hatte er sich sicherheitshalber noch neun Familienpackungen Haargel geschmiert. Sein Haar war härter als Stahl. Schinkels ist ja nur etwa einen Meter groß. Klein und mit harten Haaren lachte er uns aus, während der schöne Michi Wagner von sämtlichen Müttern, Töchtern und Großmüttern des Clubs gezeichnet wurde, wie Gott ihn schuf. Also mit kurzen Hosen.

Als Michi Wagner uns da so stundenlang in der prallen Sonne kleben sah, über und über mit Küchenabfällen bedeckt und voller Beulen ob der Medizinbälle, wurde ihm warm und sanft ums Kickerherz und er warf uns eine Parmesanreibe zu. Vorsichtig rieben wir unsere Popos von der Rutsche. Die Bademeister und die hasserfüllten Kinder riefen uns zu: »Wenn auch nur ein Kratzer an der Rutsche ist, hängen wir euch die ganze Nacht an den Jetski und fahren mit euch raus aufs Meer!«

Also schauten wir, dass die Reibe nur unsere armen Hinterteile bearbeitete. Schließlich kamen wir frei und plumpsten mit knallroten Ärschen ins Wasser. Schinkels schmierte sich eine neue Packung Gel ins Haar und ging zu seinem Wohnwagen. Wie jeder Holländer kann er außerhalb Hollands nur in einem Wohnwagen schlafen. Weil er aber so klein ist, passt sein Wohnwagen ganz normal ins Hotelzimmer.

»Frenkie«, riefen wir mit unseren Pavianärschen. »Was glaubst du, wie geht's aus?«

»Was? Mit euch? Heut Nacht werd ich mir mit euch einen neuen Spaß machen«, sagte der Wahlniederösterreicher Schinkels.

»Nein«, sagten wir und sahen rüber zu Michi Wagner, der von den Miss-Türkei-Siegerinnen der Jahre 1970–2012 vergöttert und als Bronzestatue gegossen wurde. »Wir meinen das Spiel. Viertelfinale. Spanien gegen Frankreich.«

Schinkels spricht ja neben Holländisch noch mehrere Fremdsprachen, die ausschließlich von ihm selber verstanden werden. Eine Mischung aus gschertem Holländisch und gschertem Deutsch. Eine komplette Fantasiesprache. Deshalb konnten wir nur raten, was er antwortete. Es klang so ähnlich wie »27 zu 6«.

Michi Wagner, der natürlich besser aussah als seine Bronzefigur, weshalb sich einige der Schönheitsköniginnen vor Pein ins Mittelmeer warfen (das vor allem aber wohl weil ihnen klar wurde, dass sie nicht alle mit Michi Wagner zusammen sein könnten), rief uns zu: »Der Schinkels ist Holländer und versteht nur was von Käse und Tulpen. Das Spiel geht 2:0 für Frankreich aus. Die Spanier sind nicht gut drauf und die Franzosen sehen in ihren maritimen Trikots aus wie Popeye, also mächtig stark.«

»Wir glauben, dass die Spanier gewinnen. 2:0, weil Popeye nur starke Unterarme hat, aber keine starken Unterschenkel.«

»Ihr habt so was von überhaupt keine Ahnung«, sagte Wagner, und Schinkels sagte wohl auch so was in der Art, aber wir konnten ihn nicht verstehen.

P.S.: Spanien gewann 2:0. Am nächsten Morgen konnten wir nicht aufstehen, weil Frenkie Schinkels uns während des Schlafs Sekundenkleber auf unsere Allerwertesten geschmiert hat. Mit unseren Betten am Hinterteil konnten wir das Zimmer nicht verlassen. Ein Tischler wurde von der Hotelleitung gerufen, der das Bett so weit zersägte, dass wir schließlich doch rauskonnten. Ein Arzt und der Tischler haben uns prophezeit, dass das Restholz frühestens bei der WM in zwei Jahren abfallen wird.

24. 6. Belek
Liebes Tagebuch,
Belek ist der allerschönste Club, den diese Welt je gesehen hat. Tolle Zimmer und tolle Betten, die so gut gepolstert sind, dass wir sogar mit unseren Holzärschen bequem liegen.

Frenkie Schinkels hat sich beim Mittagessen fast 200 Liter bestes Olivenöl ins Haar geschüttet, dann hat er sich trotz der 45 Grad im Schatten ein Tanzkostüm angezogen und mit einem siebenjährigen Mädchen vom örtlichen Tanzclub Cha-Cha-Cha getanzt. Die Achtjährige hatte ihn um vier Köpfe überragt und war immer wieder ausgerutscht, weil es aus seinem Haar aufs Tanzparkett tropfte. Aber bewegen kann er sich, der Schinkels. Er tanzt wie ein defensiver Mittelfeldspieler. Aggressiv und körperbetont, und er geht da hin, wo es wehtut. Wie es sich für einen Kontaktkampfsport wie Cha-Cha-Cha gehört. Wir bewegen uns nicht sehr gut, weil Schinkels vor seinem Tänzchen noch heimlich seinen Alleskleber gegen uns eingesetzt hat. Er hat wirklich nur Unfug im Kopf. Wir picken jetzt an vier Hunden, einem Sonnenschirm, zwei Liegen, drei Taucherbrillen und einem Topf mit Humus fest. Wir versuchen uns trotzdem so elegant wie möglich zu bewegen. Schließlich vertreten wir hier irgendwie ja auch Österreich und den ORF und wir möchten nicht, dass die deutschen und englischen Touristen uns für eine Lachnummer halten. Das gelingt uns auch ganz gut, abgesehen von den fast 300 Kindern, die mit ihren Fingern auf uns zeigen und laut lachen.

Michi Wagner ist heute geknickt. Er hat das Gefühl, dass seine Wirkung auf Frauen nachlässt, weil ihn beim Frühstück eine Frau nicht angestarrt hat und ihm keine frivolen Blicke zuwarf.

»Die Frau ist blind, sie hat einen Blindenhund dabei, der auch blind ist und einen eigenen Blindenhund hat«, sagten wir, aber er war untröstlich.

»Auch wenn sie blind ist, sie könnte meine Aura spüren«, sagte der schöne Wagner. In diesem Moment berührten wir unachtsam eine Dartscheibe. Sie blieb picken und den Rest des Tages wurden Pfeile auf uns geworfen. Meistens verfehlten die Werfer die Scheibe, und die Pfeile landeten im Humus oder blieben in unseren Holzpos stecken.

Am Abend fand das Viertelfinale England gegen Italien statt. Frenkie Schinkels steckte mit dem Kopf in einem Motorölbecken, als wir ihn nach seinem Tipp fragten.

»0:0«, sagte er.

»Und dann Verlängerung?«, fragten wir.

»Nein. Nur 0:0. Endergebnis. Keiner steigt auf ins Halbfinale.«

»Oder beide«, sagten wir.

»Nein, keiner«, sagte der Austroholländer und steckte seinen Kopf zurück in das Becken mit dem Öl.

Michi Wagner wurde von dem verliebten Blindenhund abgeschleckt und tippte auf England.

»Die Italiener schauen nur, ob sie fesch sind«, sagte genau der Richtige. »Und ihr zwei Angeklebten? Was glaubt ihr?«

»Keine Ahnung, am ehesten 4:2 nach Elfmeterschießen für Italien«, vermuteten wir kleinlaut. Natürlich hatten wir im Gegensatz zu den Ex-Profis null Ahnung. Inzwischen hingen mehrere tausend weibliche Tiere an Wagner. Ziegen, Kühe, Katzen, Schimmel. Wir zogen mit unserem Anhang aus Humus, Hunden und Dartpfeilen weiter Richtung Theater, um uns auf unsere Moderation vorzubereiten. Sollten wir darauf eingehen, dass so viel an uns klebte? Wir entschieden uns dagegen und wollten es einfach überspielen, aber schon als wir das Theater betraten, erwarteten uns 200 Kinder, die uns mit Dartpfeilen bewarfen. Mehr als 100 Pfeile zählten wir anschließend in unseren Bäuchen, Beinen und Stirnen.

P.S. Das Spiel ging ins Elfmeterschießen. Italien gewann 4:2. Erneut hatten wir recht behalten. »Alles Zufall«, sagte Wagner, während Schinkels schon wieder seinen grauenvollen Alleskleber zückte.

27. 6. Kos
Liebes Tagebuch,
seit vier Stunden starrt Thomas Flögel jetzt schon das Parkhaus an, in dem Roman Mählich eine Autogrammstunde gibt. So ähnlich haben wir eben den Ferienclub angestarrt. Wir sind uns sicher, dass das hier der schönste Club der Welt ist.

»Das ist das schönste Parkhaus der Welt«, flüsterte Thomas Flögel ergriffen.

»Du findest jedes Parkhaus schön«, sagte ich.

»Ja, Parkhäuser haben was Erhabenes«, lächelte der ehemalige Rapidler und Austrianer und Heart of Midlothianer.

»Genau. Man kann sein Auto darin abstellen«, sagte ich abschätzig.

Er nickte und schloss die Augen. »Ein Parkhaus, das wärs. Mit dem Parken anderer Leute sein Geld verdienen. Das wär toll!« Er zog sich Sportschuhe an und begann, sich aufzuwärmen.

»Warum wirst du nicht Schlafwagenschaffner? Dann kannst du mit dem Schlaf anderer Leute dein Geld verdienen?«

Er blickte mich verständnislos an und ging joggen. Er lief 42 Kilometer in etwas mehr als 25 Minuten.

»Wow«, sagte ich. »Du hast den Marathon-Weltrekord um mehr als 90 Minuten unterboten!«

»Weil ich schnell wieder hier sein wollte, um das Parkhaus anzuschauen.«

Inzwischen war Fernsehanalytiker Roman Mählich mit seinem Autogrammmarathon fertig. Auf die Autogrammkarten schrieb er nur seinen Vornamen. »So fühl ich mich als Roman-Autor«, erklärte er uns. Wir nickten und fragten uns, ob man Autogrammkarten mit seinem »Roman« im gut sortierten Buchhandel finden konnte. Vor drei Tagen hatte Mählich noch in Wien für den ORF das Viertelfinale England gegen Italien kommentiert und analysiert.

Als das Elfmeterschießen beendet war, hatte er sich weit aus dem Fenster gelehnt und prognostiziert, dass Italien gewonnen hat. Er ist ein vorsichtiger Fußballexperte.

»Lieber Roman, was denkst du? Portugal gegen Spanien, das heutige Halbfinale. Wie wirds ausgehen?«, fragten wir.

Mählich überlegte sehr lange. Flögel lief inzwischen seinen zweiten Marathon. Nach weniger als 20 Minuten war er wieder da und unterbot seinen alten Weltrekord um weitere fünf Minuten. An seiner Halskette hing ein Fischamulett.

Mählich überlegte noch immer.

»Lass dir Zeit«, sagten wir und zogen uns zurück, um an unserem heutigen Stand-up-Programm zu arbeiten. Irgendeinen Witz über Niki Lauda wollten wir machen, dessen Leben verfilmt wird mit Daniel Brühl in der Hauptrolle. Arbeitstitel *Keinohrhase*, aber uns fiel kein Witz dazu ein.

Vor dem Spiel am Abend sagte Flögel, er verwette ein Parkhaus darauf, dass Portugal gewinnt. In Lissabon habe er einmal unglaubliche 25 Euro für eine Stunde in einem Parkhaus gezahlt, in Madrid aber habe er nur sieben Euro gezahlt.

»Daran sieht man, dass Portugal überlegen ist«, sagte er und prognostizierte ein 25:7 für Portugal.

»Torreiches Spiel«, sagten wir, aber da war er schon weg. Auf dem Weg zum Parkhaus.

»Und du, Roman?«

Der ORF-Analytiker überlegte noch.

»Wir tippen auf ein Elfmeterschießen. Wie bei England gegen Italien. 4:2 vielleicht? Für Spanien?« Wir waren uns ja auch nicht sicher.

»Blödsinn«, sagte Mählich. Er scharrte mit seinen Füßen. Sogar in denen analysierte es gewaltig. »Portugal wird gewinnen, ich weiß nur noch nicht genau, wie hoch«, sagte er und schrieb sich selbst ein Autogramm, um nicht aus der Übung zu kommen. Die milde Sommerluft ließ uns lächeln. Was für ein Tag. Bei zwei Marathon-Weltrekorden waren wir dabei gewesen und wir hatten zugesehen, wie Schafe gemolken wurden. Dass der Schafskäse direkt aus den Zitzen kommt, hatten wir gedacht, aber das stimmt gar nicht. Die Stimmung war großartig in der Arena, jeder Besucher hatte einen eigenen Stapel »Romane« im Schoß.

P.S.: Wir wissen, liebes Tagebuch, dass du glaubst, wir würden lügen. Aber tatsächlich lagen wir mit unserem Ergebnis wieder richtig. Spanien gewann tatsächlich mit 4:2 im Elfmeterschießen. Inzwischen tippen wir auch die Lottozahlen. Auch da entscheiden wir uns immer für die richtigen Zahlen. Dreimal hintereinander hätten wir sechs Richtige gehabt. Aber wir spielen trotzdem nicht. Weils unserer Meinung nach ein reines Glücksspiel ist.

28. 6. Candia Maris
Liebes Tagebuch,
der Club in Candia Maris ist seit unserem letzten Besuch noch schöner geworden. Er ist inzwischen der mit großem Abstand allerschönste Club der Welt. Das freut mich auch für den ehemaligen Teamspieler Christian Mayrleb, der ja aus der Gegend von Linz kommt und wahrscheinlich in einem staubigen Stahlwerk geboren wurde. Es gibt ja furchtbare Schicksale. Auf dem Flug hierher saß ich neben einem Bienenfachmann aus Athen. Der erzählte, dass seine Eltern sich nicht mochten. Sein Vater habe einmal seine Mutter gefragt: Was würdest du machen, wenn ich beim Kartoffelholen die Kellerstiege hinunterfalle und mir das Genick breche? Und seine Mutter antwortete: Nudeln. Furchtbar traurige Anekdote.

Mayrleb hat die Geschichte mit dem Fisch in Ägypten gut verdaut, wenn man davon absieht, dass er den ganzen Tag weint und, sobald man »Forelle« oder »Scholle« sagt, sich auf den Boden wirft und mit dem Kopf auf den Boden trommelt.

Michi Wagner würde ihm gerne helfen, aber seit Stunden wird er von vier rüstigen Greisinnen aus Graz-Puntigam am Strand gejagt.

Wir dachten eben, Vera Rußwurm am Pool gesehen zu haben. Es war aber nur eine Doppelgängerin, die auch einen

Zeck oberhalb der Oberlippe hatte. Wir haben einmal versucht, Vera Rußwurm gegen den Uhrzeigersinn aus dem Zeck herauszudrehen, damit dem armen Tier nichts passiert, aber unsere ORF-Kollegin hatte was dagegen.

Wir werden langsam sentimental, weil es unser vorletzter Abend auf der Ferienclub-Tour ist. Weil wir beide sehr geizig sind, haben wir uns bei Beginn unserer Clubtour nur eine Miniatur-Sonnencreme für Liliputaner gekauft. Die Creme reichte nur für das einmalige Einschmieren unserer Ohrläppchen. Das heißt, wir sind jetzt puterrot mit dunkelbraunen Ohrläppchen. Wir sehen grotesk aus, sind aber glücklich und freuen uns auf das heutige Halbfinalspiel Deutschland gegen Italien.

Michi Wagner vergraulte eine deutsche Touristin, die eigentlich in ihn verliebt war, indem er sie fragte: »Wieso versteckt man Deutsche nicht zu Ostern? Weil keiner sie suchen würde!«

Wagner selbst hat als Profi mal in Freiburg in der deutschen Bundesliga gespielt, aber trotzdem oder gerade deshalb schoss er nach: »Der Unterschied zwischen Deutschen und Österreichern? Die Deutschen haben nette Nachbarn.«

Trotzdem tippte er auf einen Sieg der Deutschen. »Eindeutig. Die Deutschen gewinnen 6 oder 7 zu 0.«

»Trotz Balotelli?«, fragten wir, aber da war Wagner schon mit der Damenkickboxnationalmannschaft von Griechenland beim Körperkontakttraining.

»Und du, Mayrleb? Was glaubst du? Du bist doch jemand, der sich wirklich auskennt, das meinen wir ehrlich, da brauchts von deiner Seite gar kein *fishing for compliments!*«

Beim Wort »fishing« brach der Oberösterreicher erneut zusammen und schlug mit den Fäusten Löcher in den Terrassenboden. So schön kann Liebe sein.

Wir tippten auf ein 2:1 für Italien. Beide Tore Balotelli. Aber Mayrleb hörte gar nicht zu.

P.S.: Tatsächlich schoss Balotelli beide Tore beim 2:1-Sieg der Italiener. Wir beschlossen, beim Finale unser gesamtes Erspartes auf die bärenstarken Italiener zu setzen.

1. 7. Waterworld
Liebes Tagebuch,
unser letzter Tag. Wir sind wieder in der Waterworld, dem mit riesigem Abstand allerschönsten Ferienclub der inneren und äußeren Galaxie. Ein würdiger Rahmen für das große Finale. Italien gegen Spanien und als Experten Andreas Herzog und Franz Weber. Weber hatte seinen Höhepunkt als Fußballer, als er in einem österreichischen Cupspiel mit einer Schiedsrichterentscheidung unzufrieden war und sich mitten auf dem Platz vor der Haupttribüne bis auf die Socken auszog.

So ein fußballerisches Highlight hat der Herzog nicht erlebt, dafür spielte er lange bei Bayern München und war Teamkapitän. Heute ist er Co-Trainer von Jürgen Klinsmann bei der amerikanischen Fußballnationalmannschaft.

Wir beide versuchten, uns mit Herzog sportphilosophisch zu unterhalten. Wir beide haben ja Sport und Philosophie studiert. Das heißt, wir können 100 Meter in 10,2 Sekunden laufen. Aber warum?

Herzog musste allerdings zu Claudia Stöckl gehen, die mit ihm zusammen live aus dem Pool *Frühstück bei mir* für Ö3 sendete. Wir setzten uns ins Wasser dazu, wurden aber abwechselnd von Herzog und Stöckl unter Wasser gedrückt. Die beiden hatten Angst, wir würden uns in ihr schönes Livegespräch einmischen.

Vom Nachbarpool hörten wir plötzlich große Unruhe. Beim Wasserballspiel war der Weber Franz mit einer Schiedsrichterentscheidung unzufrieden, und unglücklich, weil er außer der Badehose nichts hatte, was er aus Protest ausziehen konnte.

Zwei Engländer hatten ihm mit allen 20 Fingern ins Auge gegriffen, aber der ebenfalls englische Schiedsrichter hatte nicht abgepfiffen. Mit blutunterlaufenen Augen und gebrochener Iris stand Weber nackt am Beckenrand und brüllte so laut, dass Herzog und Stöckl ihr Gespräch unterbrechen mussten.

»Die Engländer sind harte Sportler«, sagte Herzog. »Bei denen heißt Fairplay, dass man den Gegner nach dem Match im Spital besucht. Wenn du gegen Briten spielst, grätschen die dir schon während der Hymne von hinten in die Beine.«

»Aha«, sagte Claudia Stöckl und versuchte, das Gespräch wieder auf Privatestes zu lenken. »Andi, glaubst du an Wiedergeburt?«

»Heißt das, eine Frau hat schon ein Kind und bekommt noch eins?«, fragte er zurück und zwinkerte uns zu. Er hatte offensichtlich auch keine Lust, sein Privatleben auszubreiten.

Am Nachmittag rief uns Schinkels an, um uns viel Glück für unseren letzten Auftritt zu wünschen. Keine Ahnung, wie er es angestellt hat, aber anschließend klebte uns der Hörer am braunen Ohrläppchen fest.

Auch Michi Wagner meldete sich. Ein Foto von ihm soll angeblich im Louvre neben die *Mona Lisa* gehängt werden. Mayrleb konnten wir am Telefon nicht verstehen, weil es im Stahlwerk, aus dem er anrief, unglaublich laut war. Wir erzählten ihm, dass es zu Mittag wahnsinnig guten gegrillten Fisch gab und das Gespräch war beendet. Mählich rief nicht an, sondern schickte ein Autotelegramm.

Am Abend zogen wir uns fein an. Die Arena war vollbesetzt. Das EM-Endspiel Spanien gegen Italien wartete auf uns.

»Bei der ersten falschen Schiedsrichterentscheidung zieh ich mich aus«, sagte Franz Weber, der frühere Rapid Wien-Spieler.

»Was tippst du«, fragten wir ihn, froh, dass der Schiedsrichter noch nicht angepfiffen, also noch keinen Fehler gemacht hatte.

»4:0 für Italien«, sagte Weber.

»Glauben wir auch. Wir haben auch unser ganzes Geld auf das Ergebnis gesetzt«, sagten wir erwartungsvoll.

»Blödsinn«, sagte Herzog, »4:0 für Spanien. Fix.«

Wir mussten lächeln. Die letzten Wochen hatten uns sehr selbstbewusst gemacht. In 90 Minuten würde Italien Europameister sein und wir wären steinreich. Herrlich.

P.S.: Das Licht ist aus. Wir sitzen alleine in der dunklen Arena. Spanien hat 4:0 gewonnen und wir sind arm wie die Kirchenmäuse, haben jeweils ein Handy am Ohr kleben, einen Ganzkörpersonnenbrand und immer noch ein Holzbrett am Po. Es waren turbulente Tage. Wir haben die schönsten Clubs der Welt gesehen und nette Fußballer kennengelernt und Freundschaft mit ihnen geschlossen, auch wenn die Freundschaft nur von uns ausgeht.

Magic Life. Ein Kind strich uns übers Haar und sagte: »Kopf hoch.« Das war schön. Wir legten uns an den Strand in den weißen Sand. Über uns strahlten uns die Sterne an. Wir lagen da und führten unseren modernen Gute-Nacht-Dialog.

»Schlaf gut!«

»Du auch.«

»Ich liebe dich!«

»Du auch.«

Eine Qualle lächelte.

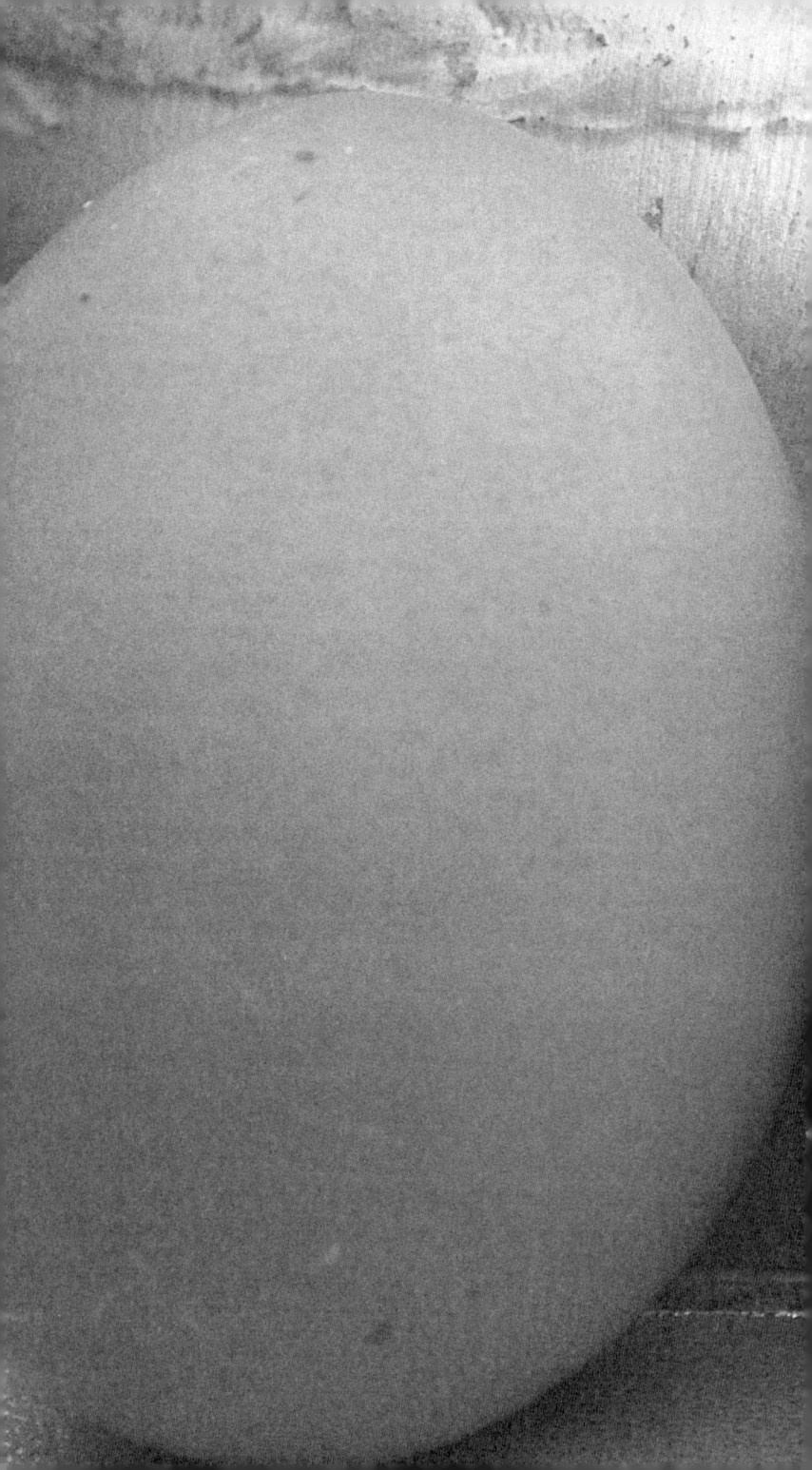

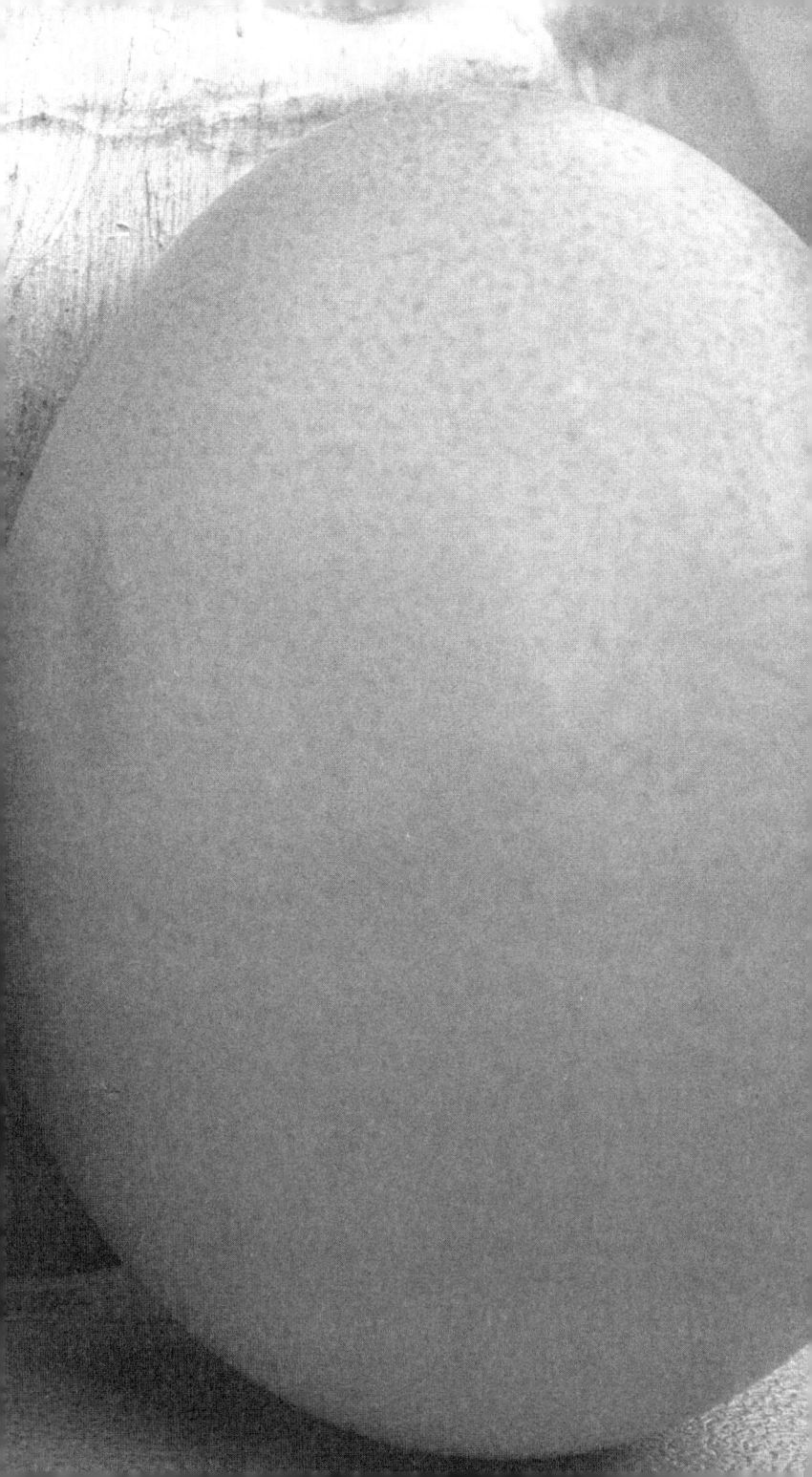

Rudi Klein

Vor der Erfindung des Zeichners musste man mühsamst ellenlang und öd mit Worten beschreiben, was ein Bild viel schneller und besser leisten kann. Die Sixtinische Kapelle beispielsweise sähe beschissen aus, wenn Michelangelo statt der Bilder langatmige Beschreibungen auf die Wände gepinselt hätte: »Hier müssen Sie sich einen nackten Mann mit einem sehr kurzen Geschlechtsteil auf einem Felsen vorstellen, der die linke Hand sehr kraftlos einem alten Mann mit Bart entgegenstreckt, und ihrer beider Zeigefinger berühren sich fast …« Stellen Sie sich vor, die ganze Kapelle wäre vollgekritzelt mit fadgasigen Engelsbeschreibungen. Das wär nichts, und niemand wäre mehr katholisch. Auch der Papst wäre längst ausgetreten.

Natürlich gibt es auch unglaublich, unfassbar, sagenhaft langweilige Zeichnungen. Zum Beispiel von Gustav Peichl. Das muss er wirklich ironisch meinen. Oder in Höhlen. Wahnsinnig möchte man da werden, so langweilig sind Höhlenmalereien. Wen soll das interessieren? Irgendein Gnu abmalen reicht nicht. Nicht mal, wenns zum ersten Mal in der Menschheitsgeschichte gezeichnet wird, Werner Herzog möge mir verzeihen. Wo war da ein Kurator, um den Zeichner umgehend aus der Höhle zu kuratieren? Nein, es ist nicht interessant, einen Hirsch mit Kreide auf einen Kreidefelsen zu malen. Stünde neben dem Steinzeitvieh aber in einer Sprechblase der Satz: »Finden Sie ähnliche Zeichnungen in vielen Jahren in den Nasennebenhöhlen von Johannes Heesters!«, würde zumindest ich kurz aufmerksam. Nicht jede Zeichnung ist gut und nicht jede Sprechblase. Das Lustigste an der Steinzeit ist noch immer eine Szene bei Mel Brooks, in der ein unsäglicher Steinzeitkomiker während seiner Show überraschend von einem Dinosaurier aufgefressen wird. Da lachen im Film auch die vorher angeödeten anderen Steinzeitler.

Es ist sehr schwer, etwas Lustiges zu erschaffen, wenn es keine Dinosaurier gibt. Wenn ein Arbeiter der Humorbranche während eines Sketches von einem Pitbull aufgefressen wird, lacht keiner. Obwohl …

Mein Freund Rudi Klein hat kurz nach den Dilettanten aus der Höhle mit dem Zeichnen begonnen. In den 50er-Jahren in Wien-Floridsdorf muss es viele Menschen mit Rundungen gegeben haben. Kugelrunde Floridsdorfer, noch ohne Staatsvertrag, rollten schuldig von der Ostmarkgasse bis zum Floridsdorfer Spitz, und sie pausten sich in Rudis Hirn. Runde Sache, das. Dann wurde Floridsdorf 1955 frei und Rudi vier, und Rudi traute dem russenlosen Braten nicht. Deshalb zeichnete er lange unter dem Pseudonym Ivan Klein. Wohl wissend, dass es auch im Totalitarismus Zeichner geben muss. Wenn also der Russ es sich anders überlegt hätte, wen hätte der Russ dann wohl zum Staatszeichner bestimmt? Richtig: den Ivan Klein aus dem Arbeiter- und Bauernparadies Floridsdorf.

Schade eigentlich, dass die Russen damals nicht zurückgekommen sind.

Stattdessen sieht die Realität des Beinahe-Sowjet-Stars-und Staatszeichners heute so aus: »Rudi, der *Standard* spricht, ich brauche von dir 15 Lochgötter bis in spätestens drei Minuten!« Solche Sätze hört Rudi Ivan Ruud Klein ständig. »*Profil* hier. Sie haben zwölf Sekunden Zeit eine 1A-Zeichnung zu machen zur Pensionsversicherung.«

Rudi hat für alle gemalt. Die Zeitungen, für die er nicht zeichnet, sind todgeweiht oder waren von Anbeginn an Totgeburten. Ich muss sehr lachen bei dem Gedanken, ich wäre Chefredakteur eines Blattes und würde nicht Rudi Klein als Zeichner engagieren. Ich müsste mächtig meschugge sein. Oder kulturell auf dem Level der Höhlenspastis.

»Machen Sie eine Hammerzeichnung. Thema Koalitionsverhandlung. Muss saukomisch sein. Sie haben den Lidschlag einer Libelle Zeit dafür!«

Manchmal zeichnet Rudi Klein in seiner Malfabrik mit den Händen und Füßen parallel an bis zu vier Zeichnungen (zum Beispiel auch die Fachzeitschrift der wurstverarbeitenden Industrie *Der Fleischer!*), während er mit der Zungenspitze seine Uhrensammlung abstaubt. Das ist freakig, aber irgendwie *state of the art*. So zeichnet man heute, Herr Peichl. Dafür haben wir einst die Höhlen verlassen. Ivan, Ruud und Rudi wissen das.

Vor der Erfindung der Frau heißt eine meiner Lieblingszeichnungen. Ich könnte sie jetzt beschreiben. Vielmehr muss ich sie beschreiben, weil ich etwa so gut zeichne wie einer von den Typen, die mit dem Mund malen. Nur, um im Bild zu bleiben, wie einer, ders zum ersten Mal macht und blind und farbenblind ist. Darum mal ichs Ihnen nicht auf. Sondern mach's wie Michelangelo, wenn er nicht Zeichnen gelernt hätte:

Man sieht einen runden Mann und einen Sack und einen runden Priester. Der Priester sagt: »Hiermit erkläre ich Sie zu Mann und Sack.« Dafür sind meine Vorfahren aus den deutschen Höhlen gekrochen. Dafür möchte ich mich bedanken. Bei meinen Vorfahren und dem Rudi Klein.

Istanbul im Juli 2012

Den vergangenen Sommer habe ich romanschreibend in Istanbul verbracht. Eine gute Idee, dachte ich, weil der Roman in Wien, Düsseldorf, Süd-Dakota und Auxerre spielt. Als ich Anfang Juli 2012 am Flughafen Sabiha Gökcen im kleinasiatischen Teil ankam und ins Taxi stieg, erklärte mir der Taxler, Istanbul habe zehn Millionen Einwohner. Und weil jeder Bewohner der Stadt zwei Autos gleichzeitig fahre, brauche man eben vom asiatischen Teil bis nach Beyoğlu über zwei Stunden.

Als ich meine Wohnung beim Galata-Turm bezog, schimpfte der Hausmeister über die Menschenmassen in den engen Gassen. Istanbul habe über zwölf Millionen Einwohner. Chaos sei also vorprogrammiert. Auf meinem Balkon lebten vergleichsweise wenige Hundert Möwen, die aber deutlich lauter waren als die 30 Muezzins in unmittelbarer Nähe zu meiner Wohnung zusammen. Der Blick war atemberaubend. Ein 180-Grad-Blick, über den Bosporus und das Goldene Horn. Bis zum Horizont ein Wasser- und Häusermeer. Cemal, mein türkischer Literaturübersetzerfreund, der in der österreichischen Schule von Istanbul maturiert hat, blickte mit mir hinaus und sagte: »Fast 15 Millionen Einwohner. Die Stadt dampft aus allen Poren.«

Es war heiß, die Möwen kreischten, wir schwitzten trotz des Windes. Unter uns hupte sich die Stadt narrisch. Als säßen Derwische am Steuer. »15 Millionen«, wiederholte ich und Cemal nickte sorgenvoll.

Abends saßen wir in einem kleinen Restaurant in einer ruhigen Seitenstraße der Istiklal Caddesi, der drei Kilometer langen Einkaufsstraße zwischen Taksim-Platz und Tünel. Umut goss mir Raki ein und ich stieß mit Umuts Mann Umut an. Verwirrende Kulturen sind das, wenn Männer und Frauen den gleichen Namen haben können. Umut und Umut. Umut bedeutet »ein hoffnungsvoller Mensch«. Umut war schwanger, insofern war der Name für sie passend, und auch er rieb sich oft scheinschwanger den Bauch.

»Schön ruhig ists hier in Esras Cafe«, sagte ich. Auf der Istiklal Caddesi war jeder Quadratmillimeter mit Mensch gefüllt, aber unsere kleine Gasse war oasenhaft, fast eremitisch. »Wie werdet ihr euer Kind nennen?«, fragte ich und blickte freundlich auf Umuts Bauch. »Umut«, sagte sie und ihr Mann Umut nickte. Umut war vor Kurzem ein Auto über den Fuß gerollt und hatte seinen Mittelfußknochen zertrümmert. »Zu viele Autos, zu viele Mittelfußknochen«, sagte er. »Kein Wunder, dass so etwas laufend passiert. Wir sind fast 18 Millionen Einwohner, da bleibt so was nicht aus«.

»Über 18 Millionen«, sagte seine Frau Umut.

»Istanbul ist eine wundererregende Stadt«, sagte ich. »Fruchtbar wie keine zweite. Von heute Morgen bis jetzt hat die Stadt acht Millionen Bewohner dazugewonnen. Das heißt, wenn ich morgen früh aufwache, müsste Istanbul, wenns so weitergeht, fast 25 Millionen Einwohner haben. Und ich bleib noch über einen Monat. Im August hat Istanbul dann 300 Millionen Einwohner«.

»Im August kommt Umut auf die Welt«, sagte Umut. »Es werden also mit ihm über 300 Millionen sein«.

»Şerefe«, sagte Umut und hob sein Glas.

»Prost«, sagte ich. »Auf eure fantastische Stadt. Auf Byzanz und Konstantinopel und den kleinen Umut«.

»Die kleine Umut«, sagten Umut und Umut, und eine Möwe schoss kreischend an uns vorbei.

Krisenintervention

Seitdem ich für den *Wiener* schreibe, bekomme ich regelmäßig merkwürdige Briefe. Zum Beispiel schrieb mir ein Primar Dr. Wilhelm Rebwurm aus Graz, er verrechne mir für die Totalrenovierung meines Unter- und Oberkiefers 25 000 Euro.

Ich kenn den Mann nicht und hab nie was mit den Zähnen, aber damit es später nicht heißt, dieser arrogante Stermann ist ein widerlicher Geizkragen, hab ich dem Rebwurm sein Geld überwiesen.

Aus Imperia im herrlichen Ligurien hat mir eine Frau Weikl eine Postkarte geschickt:

»Lieber Herr Stermann, ich kontrolliere ehrenamtlich Fahrscheine der Linzer Verkehrsbetriebe und bilde Fußballhooligans im Faustkampf aus. Ich kann mit der bloßen Faust Ochsen betäuben! Aber ich habe auch eine weiche Seite. Ich bade gern in eisigem Wasser und knacke Nüsse mit den Zähnen. Um meine weibliche Seite zu stärken, verwende ich hier in Italien östrogenhaltiges Shampoo. Liebe Grüße, Bianca Weikl!«

Ich fuhr also nach Imperia. Ich verstand ihr Problem zwar nicht, aber ich nehme mein Publikum nun einmal sehr ernst. Mir hat mal ein pensionierter Landwirt geschrieben, dass er noch nie in seinem Leben Stutenmilch getrunken habe. Ich hab ihn besucht und wir tranken die ganze Nacht, bis wir weiße Vollmilchbärte hatten. Und an einen Sido-Fan aus Niederösterreich muss ich jetzt auch denken. Er schrieb mir: »Hallo, Herr Stermann. Ich bin Bettnässer. Leider. Ich mach mir in die Hose. Aber nicht nur mir, sondern auch anderen. Können Sie mir helfen?« Ich fuhr damals zu ihm und entwickelte mit ihm zusammen eine Therapie. Er sollte ein Tagebuch malen. Mit drei Symbolen. Hatte er sich richtig in die Hose gemacht, sollte er dunkle Wolken malen, hatte er ein bissl was nass gemacht, aufgelockerte Bewölkung, und war er trocken geblieben, eine Sonne. So hab ich ihn geheilt, und heute arbeitet er im Umfeld von Karl-Heinz Grasser.

Ich fuhr mit dem Nachtzug nach Imperia. 16 Stunden und viermal umsteigen. Eine schöne junge Frau erzählte mir kurz vor Mailand, dass sie an der von Berlusconi gegründeten Universität studiere. Das hatte ich gar nicht mitbekommen. Aber da bekommt der Begriff »Fakultät« eine ganz neue Bedeutung. Ein unglaublich dicker, deutscher Geologe erklärte mir, dass es aus geologischer Sicht fix sei, dass Italien auseinanderbreche. Die Erdplatten drifteten auseinander. Ihm riet ich, sich erstmal an die eigene Nase zu fassen, bevor er ganze Länder blöd anmache. Er sagte, dass italienische Fußballer schon Wetten annähmen, wann es das Land zerreiße.

Zwei Pizzaboten aus Duisburg erschossen sich vor meinen Augen am Bahnsteig von Genua.

»Familienfehde«, erläuterte mir der Schaffner.

»Ach so«, erwiderte ich erleichtert.

Ein Immobilienmakler war traurig, dass die Pizzabäcker ihn nicht auch gleich mitabgeknallt haben. Der Branche gehts katastrophal. Der Makler klärte mich auf, dass 90 Prozent aller 40-jährigen männlichen Italiener noch bei ihrer Mutter leben.

»Aha«, sagte ich. Das heißt, als Makler könne er es sich nicht leisten, einem wildfremden Zahnarzt 25 000 für die Totalrenovierung eines Unter- und Oberkiefers zu zahlen, die er nie in Anspruch genommen habe.

Die schöne Italienerin las ein italienisches Männermagazin, das wahrscheinlich *Viennese* heißt. Mein Italienisch ist mittelmäßig. Ich glaube, sie las einen Artikel über Daniel Brühl, der ja Niki Lauda spielt. Der Film, stand da, soll sehr authentisch werden. Dann wird er wohl in Mono ausgestrahlt.

Ich fragte die schöne Italienerin, ob sie schon einmal von östrogenhaltigem Shampoo für Mannsfrauen gehört habe. Sie hatte keine Ahnung, wovon ich sprach, wirkte aber auch nicht so, als hätte sie für so etwas Bedarf. Ihr Haar roch nach Stutenmilch.

Die Sonne schien, als der Zug in Imperia einrollte. Am Bahnsteig erwartete mich ein Hells Angel, der wie eine Frau gekleidet war. »Frau Weikl?«, fragte ich.

Sie nickte traurig.

Eine Woche später reiste ich ab. Sie winkte mir glücklich nach. Sie sah klasse aus. Und ihr Haar roch nach jungem Pferd. Wie genau ich ihr half, kann und darf ich hier nicht ausbreiten. Kurz nachdem ich abgereist war, zerriss Italien wieder ein bisschen mehr. Vielleicht muss ich da auch einmal krisenintervenieren.

Man wirft seine Oma nicht in die Biotonne

1975, auf einem Berg bei Traunstein, flog meinem Cousin beim Sprechen eine Biene in den Mund und im Dauerregen dieses wie-Lack-beim-Trocknen-zusehen-öden Sommerurlaubs war das eine kurze, glückliche Abwechslung. Die Backen meines Naseweis-Cousins schwollen an, wir drei anderen Cousins starrten ihn an, voller Hoffnung, dass er wie ein Ballon aufsteigen und über den örtlichen Alpenkamm davonschweben würde. Es roch nach nassem Gras und Leberkäs. Die Wirte sprachen bayrisch und trugen Tracht, mein rheinischer Vater war zufrieden. »Mir ist unfassbar langweilig. Ich muss sterben«, sagte mein anderer Cousin, der genauso naseschwarz war wie ich. Er war damals neun und ich ein Jahr älter. »Du kannst ja im Hotel die Stiegen ganz nach oben laufen und dann runterschauen und sehen, obs von oben nach unten genauso weit entfernt ist, wie von hier unten nach oben«, schlug ich vor und mein Vater gab mir 50 Pfennig, weil er das für eine originelle Idee hielt.

Dann hupte es auf dem Bauernhof der Fadesse. Wir Kinder liefen hinaus und das ungewöhnlichste Auto, das ich bis heute gesehen habe, bog zwischen zwei Weiden mit tumben Kühen um die Ecke in die Hofeinfahrt ein. Ein VW Käfer, über und über mit Gras bedeckt. Eine rollende Wiese. Das fahrende Rasenstück hielt und ein Mann, der aussah wie Gary Glitter oder Alvin Stardust, stieg aus.

»Ich bin Ramma Damma, Servus und Grüß Gott«, sagte er. Er rollte das »R« und wirkte, als sei er aus einem Raumschiff gefallen. Er streckte sich und begann zu singen: »Ich bin ein Taugenichts und ich taug zu nichts!« Er ging zur Beifahrertür, öffnete sie und holte eine Pflanze heraus, die in einem bunt bemalten Topf steckte. Das Auto hatte ein Münchner Kennzeichen, fiel mir auf.

»Seid ihr verheiratet?«, fragte er mich r-rollend, meinen kleinen Cousin und meinen Naseweis-Cousin mit den Globusbacken.

Ich schüttelte den Kopf. »Ich bin erst zehn, Herr Ramma Damma«, sagte ich.

»Ach so«, antwortete er. »Ich schon. Darf ich vorstellen? Tipi. Meine Frau!« Stolz präsentierte er die Topfpflanze. »Eine Ananaspflanze, schön wie Audrey Hepburn, stimmts?« Er küsste sie. »Aechmea. Wir sind frisch verheiratet. In Gretna Green haben wir geheiratet. Ein Herr im Schottenrock hat uns getraut. Wollt ihr Fotos sehen?«

Wir nickten. Er zeigte uns Bilder der Trauung. Eine kleine Kirche. Ein Mann in einem Rock, ein paar Gäste und Ramma Damma mit der Pflanze vorm Traualtar.

»Kinder! Drei stramme Mäxe stehen auf dem Tisch!«, rief meine Tante aus der vom Dauerregen aufgeweichten Pension.

»Ist sie nicht wunderschön? Ich hab sie gesehen und war weg. Sofort verknallt. Unsere Hochzeichtsnacht war toll. Im Gewächshaus. Nachher waren alle Tomaten rot!« Er lachte und gab jedem von uns eine Autogrammkarte. »Ramma Damma liebt dich«, schrieb er.

»Schau, Tipi, wie schön es hier ist«, rief er und drehte sich mit der Ananaspflanze im Kreis. Dann stieg er ein und fuhr mit seinem grünen Käfer wieder weg. Wir standen da, übermannt von so viel Merkwürdigkeit, die Autogrammkarten in der Hand. Der Gasthaus-Bauer kam aus dem Haus und sah mit uns dem grünen Punkt nach.

»Des is der Ramma Damma«, sagte er und rollte auch das »R«. »A depperter Breznsoiza. Rockstar! Pah!«

Wir hatten also einen Rockstar kennengelernt! Zwar einen, von dem wir noch nie gehört hatten, aber endlich hatte der sturzlangweilige Urlaub eine Art Sinn.

Zurück in Düsseldorf schmückte ich diese Begegnung immer weiter aus. Schließlich wuchsen Bäume auf dem VW und Tipi konnte im schottischen Gretna Green »ja« sagen, auf Deutsch und Englisch, und Ramma Damma war ein Weltstar.

Je mehr Fernsehminuten jedoch verstrichen, ohne dass Ramma Damma im Fernsehen auftrat, weder bei Ilja Richters *Disco* noch in der *ZDF-Hitparade* bei »Ihrem« Dieter Thomas

Heck, umso unglamouröser wurden meine Erzählungen aufgenommen.

»Kenn ich nicht. Noch nie was von dem Typen gehört«, hieß es, wann immer ich von Ramma Damma sprach. Die Autogrammkarte verschwand in meinem Schreibtisch und Ramma Damma aus meinem aktiven Gedächtnis.

Bis ich auf Youtube vor wenigen Tagen *Remmidemmi* von Deichkind suchte und plötzlich auf *The year before Ramma Damma's return* stieß. Ein RTL-Fernsehbeitrag, der mit den Worten begann: »Seine erste Frau war ein billiges Stück. 24 Mark hat sie gekostet, und Ulrich Hoppe hat sie vom Fleck weg geheiratet. Die Ananaspflanze Aechmea.« Ich erfuhr, dass Ramma Damma sich inzwischen wieder mit seinem bürgerlichen Namen rufen lässt und dass er einen Gnadenhof für Pflanzen betreibt. 300 Pflanzen beherbergt er. Weggeworfene Pflanzen, überflüssige, alleinstehende. Er nimmt sich ihrer an. »Pflanzen sind wie Menschen. Man wirft seine Oma ja auch nicht in die Biotonne«, sagt er in dem Film. Er trägt einen grünen Cowboyhut, eine grüne Weste und eine grüne Hose. Weißes, langes Haar, ein hageres Gesicht, ein weißer Vollbart. Er sieht aus wie Buffalo Bill, der statt Büffel zu schießen Kakteen gießt. Welke, tote Blätter werden unter seinen Händen wieder grün, ausgetrocknete Pflanzen erleben grüne Widergeburten. »Nach Batman und Superman gibts Ulrich Hoppe«, sagt Ramma Damma. Von 400 Euro im Monat lebt er, in einem Abbruchhaus in einem 150-Seelen-Dorf bei München. Seine Nachbarn beobachten ihn misstrauisch. Sie beschweren sich über sein Springkraut, ein aggressives Unkraut. In Ulrichs Augen aber sind das Blumen, schöner als Orchideen.

Ich googlete weiter und fand zwei Artikel. Einen kurzen in der *Bild*, aus dem Jahr 2008, da war er 65 Jahre alt. Und einen aus der *taz* aus dem Jahr 2000. Ich erfuhr, dass er lange freier Schriftsteller war. Er schrieb Bücher für die »Heyne-Filmbibliothek«, das war Mitte der 80er. Er war Polizeireporter für die *B.Z.* und für die *Bravo* jahrelang als Reporter in London. Er schrieb den Horrorroman *Tjack*, es ging um Kinder aus Adolf Hitlers konserviertem Samen, außerdem erotische Romane unter dem Pseudonym Robin Vomp. »Da musste auf jeder dritten Seite gevögelt werden«, las ich in der *taz*. Sein letztes Buch erschien 1991, ohne seinen Namen. Er hatte es nur überarbeitet. 1600 Mark hatte er bekommen. *Manni, dein Manta brennt*, hieß das Werk.

Dann widmete er sich ausschließlich den Pflanzen. Heute wächst sogar aus seinen Schuhen was Grünes. Wenn man in den Urlaub fährt, kann man ihm seine Pflanzen zur Pflege vorbeibringen. Bei ihm sieht es aus, wie man glaubt, dass es vorm Apfelbiss auf der Erde ausgesehen haben könnte. Da scheinen Pflanzen gern zu sein, bei ihm. Er lebt von wenig, »ich muss arm sein, um reich sein zu können«, sagt er und trinkt Mirabellenmost. Er hat eine 250-Liter-Tonne voller Most. Natürlich eine Biomülltonne. Und Tipi? »Sie betrog mich mit meinem damaligen Freund, dem Schauspieler Horst Buchholz. Ich ließ mich scheiden. Und pflanzte sie in Südfrankreich ein.« Traurig. Ihre Enkelkinder aber wachsen heute noch bei ihm. Er heiratete dann eine Menschenfrau. Mit ihr hat er zwei Menschenkinder.

Und der Rockstar? 35 Jahre nach unserem Kennenlernen fand ich endlich den Beweis, dass ich damals tatsächlich einen Rockstar kennengelernt hatte.

2012 nämlich wurde *Ramma Damma* auf Youtube gestellt. Sein großer Hit. Unter dem Clip stehen drei Kommentare. Der zweite ist von ihm. »Merry christmas, wonderful, wonderful world. Ramma damma is from outer space, a spirit in human form-saviour of the plants.«

Waldnutten und Mathematik

Innerhalb von zwei Wochen habe ich den berühmten Mathematiker Prof. Dr. Rudolf Taschner sechsmal zufällig an verschiedenen Orten in Wien getroffen. Schon bei der dritten Begegnung sprach Taschner von einer statistischen Unwahrscheinlichkeit, beim vierten Mal schüttelte er nur mehr den Kopf, bei den letzten beiden zufälligen Treffen schlug er die Hände über dem Kopf zusammen. Wir wohnen in völlig unterschiedlichen Gegenden und haben komplett andere Gewohnheiten und doch. Was will das Schicksal mir und ihm mitteilen? Dass ich doch noch ein anderes Verhältnis zur Mathematik bekommen kann? Will mir der nicht vorhandene Gott 25 Jahre nach meiner letzten Mathematikschulstunde eine zweite Chance geben?

Ich war, wie Sie wahrscheinlich auch, sehr schlecht in Mathematik. So schlecht, dass in den letzten beiden Jahren mein Mathematiklehrer unter jede Schularbeit schrieb: »Mathe im Abitur Risiko!!!« Kein gleichschenkeliges Dreieck wollte zusammenpassen, keine Stammfunktion hatte irgendeinen Sinn. Mein Zirkel brachte nur Zirka-Dinge hervor, jede Rechnung war die eines überforderten Milchmädchens. Ab den Grundrechenarten »verrechnen, ausradieren, wegstreichen« war ich heillos überfordert. Um nicht auf jeder Seite massenweise rot angestrichene Fehler zu haben, ließ ich jede zweite Seite bei Schularbeiten leer. »Auf dieser Seite steht nichts«, schrieb Herr Brauer. Wenigstens war so jede zweite Seite fehlerfrei und makellos.

Herr Brauer war Fan des MSV Duisburg. Wenn Duisburg am Wochenende gewann, strahlte er und war bester Stimmung. Also nie. Denn der MSV Duisburg ist so ungefähr die schlechteste Fußballmannschaft der Welt. Herr Brauer war also immer schlechter Stimmung. Und obwohl ich auch MSV Duisburg-Fan bin, musste ich oft stundenlang an der Tafel stehen und Beispiele vorrechnen, was ich beispiellos schlecht tat. Noch nie zuvor war Kreide so sinnlos verwendet worden wie von mir in den Unterrichtsstunden bei Herrn Brauer. Herr Brauer hatte einen kleinen, hellgrünen Opel Kadett und einen hässlichen Seitenscheitel. Er war klein und dicklich, in seinem Oberlippenbart klebten oft Speisereste.

»4:0 hat Duisburg verloren«, sagten wir montags im Bus und ich ahnte Schlimmes. Ich glaube, die Zahlen ekelten sich vor mir. Zu Recht. Ich benutzte sie lieblos, verkehrtherum und stellte mit ihnen Dinge an, von denen ihnen schlecht wurde. Wären Zahlen Lebewesen, hätte man mich eingesperrt. Verbrechen gegen unschuldiges Leben.

In meiner Schule gab es viele polnische Spätaussiedler. Wer irgendwie belegen konnte, dass irgendwann einmal irgendein Deutscher am Haus vorbeigegangen ist, durfte damals, Anfang der 80er, in die Bundesrepublik Deutschland ausreisen. Weil all die Mareks und Janeks, die Matys und Jaceks die ersten Schuljahre in Polen verbracht hatten, wo ein strenger, kommunistischer Drill herrschte und schon neugeborene Arbeiter und Bauern gedopt wurden, um bei Olympischen Spielen Medaillen fürs Proletariat zu gewinnen, waren die Polen unglaublich gut in Sport, während die Kajas, Wandas, Grazynas, Mailinas und Udas unglaublich hübsch waren und nur polnisch miteinander sprachen. Im Mathematikunterricht saß ich neben Marek und Uda. Sie verstanden nichts, weil sie kaum Deutsch sprachen und ich verstand nichts, obwohl ich Deutsch sprach. Vielleicht war ich auch einfach zu sehr von Uda abgelenkt. Die polnischen Frauen, hat mir mein Großvater immer gesagt, sind die schönsten Frauen Europas. Das habe ich Freunden gesagt, als wir Jahre später einmal mit dem Auto von Frankfurt an der Oder über die Brücke nach Polen fuhren. »Aufgepasst«, sagte ich. »Die Polinnen sind die schönsten Frauen Europas!« Direkt nach der Brücke war auf polnischem Gebiet ein kleines Waldstück. Als wir vorbeifuhren, sprangen vier zerzauste Waldnutten aus dem Unterholz. Gras im zotteligen Haar, reizlose Reizwäsche, verkniffene, graue Gesichter ohne Zähne an den Stellen, wo sie hingehören.

»Aha«, sagten meine Freunde. »Die schönsten Frauen Europas.«

Uda war die schönste Frau Europas. Und so lernte ich bei Herrn Brauer zwar keine Mathematik, aber den schönen Satz »Ty wadna iestes!«.

Du bist schön. Ein Satz, den man in Polen, außerhalb des Waldstücks bei Frankfurt an der Oder, oft gebrauchen kann. Ich lernte außerdem noch einen polnischen Satz, auf den ich sehr stolz bin. Ich werde ihn Prof. Dr. Taschner bei einem unserer nächsten Treffen sagen.

»Funkcja pierwotna iest guwno!«

Die Stammfunktion ist scheiße. Den Satz kann er vielleicht gebrauchen, wenn er in Warschau einen Vortrag hält. Vielleicht war das die Idee des nicht vorhandenen Gottes.

Penisse werden kürzer und Eunuchen leben länger – ein Schlag ins Gesicht der Enlargement-Industrie

Als ich Kind war, trank ich Kefir. Im Kaukasus das Getränk der Hundertjährigen, so stand es auf der Verpackung. Ich war klein, 100 weit weg, aber ein biblisches Alter allein durch ein Molkegetränk zu erreichen, schien ein leichter Job zu sein. Ich stellte mir vor, dass im Kaukasus jeder 100 Jahre alt war, bis auf die, die Kefir nicht mochten. Also ungefähr so, wie heute auf ORF 2 das Durchschnittsalter ist. ORF 2 und ZDF, beide sind eine Art medialer Kaukasus.

Moldawien ist auch kaukasisch, was das Durchschnittsalter betrifft. Moldawien ist so arm, dass es nicht mal Kefir gibt. Und keine Menschen im arbeitsfähigen Alter. Nur Kleinstkinder und Greise. Alle anderen sind im Ausland und kommen nie mehr wieder, weil es überall besser ist als in Moldawien. Die Greise wickeln die Kleinstkinder, bis die auch ins arbeitsfähige Alter kommen und mit drei oder vier das Land verlassen. Dann sitzen die fast 100-jährigen Moldawier ganz alleine da und starren Richtung Kaukasus, so wie alte Österreicher auf ORF 2 und die viertausendste Wiederholung von *Derrick* starren.

So wie die Ohren werden bei alten Männern auch die Hodensäcke länger. Wie Tränensäcke sehen sie oft aus. Bei 100-Jährigen schleift der Sack beim Gehen auf dem Boden. So putzen alte Männer den Parkett. Warum die Ohren im Alter immer größer, aber gleichzeitig immer schlechter werden, ist eine ganz üble und nicht nachvollziehbare Laune der Natur. Und warum Haare an Orten ausfallen, wo sie eigentlich hingehören, dafür aber an den wunderlichsten anderen Plätzen auftauchen, ist ebenfalls unverständlich. Nämlich in den riesigen Ohren zum Beispiel. Warum? Im Kaukasus, so stell ich mir vor, gehen die 100-Jährigen ausschließlich zum Ohrenfriseur. Kopf nackt, aber Ohren-Afro – die Natur spinnt.

Den Männern hat sie früher, als man noch kein ORF 2 hatte, längere Gemächte gemacht. Das behauptet zumindest eine »Studie« aus »Italien«. (Warum nicht mal vollkommen willkürlich Anführungszeichen setzen?) Demnach sei das männliche Glied in den letzten 50 Jahren um durchschnittlich zehn Prozent kürzer geworden.

Für die Männer, denen Prozentzahlen zu abstrakt sind, kann ich es anschaulicher machen. 1962 war der Penis einen Meter lang, 2012 nur noch 90 Zentimeter. Das sind ungefähr zehn Prozent. Geht auch mit Kilometer. Also: 1962 war ein Schwanz einen Kilometer lang, heute nur mehr 900 Meter.

Das klingt im ersten Moment schockierend, weil wir alle gern mehrere Kilometer lange Schwänze hätten. Ich hatte auch vor Kurzem noch Facebook-Aktien im Wert von 10 000, 9000, 8000, 4000, 1000, nein, nur mehr 30 Euro. Es gibt Zeiten, in denen alles kleiner, kürzer, schmaler und knapper wird. 1962 war diese Kolumne hier auch noch 62 Seiten lang und wurde von irgendeinem Vorgänger geschrieben, dessen Schwanz zehn Meter länger war.

Aber, jetzt kommts: Es gibt auch eine gute Nachricht. Der Kollege, der 1962 im *Wiener* fürs gleiche Geld wie ich heute 62 Seiten schreiben musste, während sein Gemächt den Boden berührte, ist heute aller Voraussicht nach mucksmäuschentot. Und zwar nicht, weil es 1962 in Österreich keinen Kaukasus-Kefir zu kaufen gab, sondern aufgrund seiner Hormone. Testosteron. 1962 schrieb man vor allem aus sexuellen Gründen für den *Wiener*. Die Kollegen von damals hatten überschäumende Hormone und so ein Männermagazin ist natürlich wie geschaffen für sexuell Hyperaktive.

Einer Studie zufolge könnte der Kollege sich totgefickt haben. Männliche Sexualhormone schwächen den Organismus und das Immunsystem. »Koreanische« Wissenschaftler haben die Stammbäume von Familien mit kastrierten Männern zwischen 1392 bis zum Anfang des 20. Jahrhunderts untersucht. Während dieser Zeit gab es am koreanischen Herrscherhof fast durchgehend Kastraten, die entweder durch

Hundebisse im Kindesalter ihre Genitalien verloren oder gezielt kastriert wurden, um Zugang zum Palast zu erhalten. Die Untersuchung ergab Erstaunliches: Eunuchen hatten in diesem Zeitraum eine um 14 Jahre höhere Lebenserwartung als ihre unkastrierten Geschlechtsgenossen.

Wenn also Ihre Freundin das nächste Mal Sex will, sagen Sie einfach: »Willst du mich umbringen, Schatz?« Dann drehen Sie sich um, trinken Kefir, denken an Ihren kurzen Schwanz und schauen in ORF 2 die 5000ste Wiederholung von *Derrick*. Ein langes, ungeiles Leben lang.

Je nachdem kleine oder große Swift-Huldigung

Es gibt eine (no na) afrikanische Fliegenart, deren männliche Vertreter Weibchen befruchten können, die das 25-Fache ihrer eigenen Größe haben. Das wird Tom Cruise gern lesen oder auch Jamie Cullum, den ich in Hamburg kennengelernt habe weshalb ich weiß, dass seine offizielle Größe (1,64 Meter) vom Management ordentlich nach oben manipuliert worden ist. Meine eigene Mutter ist mit 1,56 Metern knapp am Zwergenwuchs vorbeigeschrammt, würde aber barfuß den britischen Barden um Kopfesgröße überragen. Sie sähe neben ihm aus wie eine 70-jährige NBA-Spielerin. Meine Mutter könnte auf Cocktailpartys ihr Martiniglas aufs Vortrefflichste auf seinem Kopf abstellen, als Beistelltischchen wär er ein ähnlicher Hit wie als Musikhitfabrikant.

Ich stand einmal mehrere Stunden neben dem vortrefflichen *Placebo*-Sänger Brian Molko, ohne ihn zu bemerken. Molko nämlich sieht aus, als hätte ihn Jonathan Swift eigenhändig modelliert, wie einen der sechs Zoll kleinen Winzlinge im Lande Liliput.

In dreizehn Jahren wird es große Feierlichkeiten geben: 300 Jahre *Gullivers Reisen*. Weil ich aber meiner Zeit voraus sein will, möchte ich dem 1667 geborenen Iren jetzt schon einmal huldigen. Herr Swift, der sich auch Isaac Bickerstaff nannte oder, etwas sperrig, »T.R.D.J.S.D.O.P.I.I.« (The Reverend Doctor Jonathan Swift, Dean of Patrick's in Ireland), litt an einer Innenohrerkrankung, die permanente Schwindelgefühle hervorrief. Dazu sammelten sich kieselartige Stoffe in seinem Körper, die er »Harngries« nannte. Kein Wunder also, dass er reizbar war und als unhöflich und exzentrisch galt. Seine Zeitgenossen, vor allem die von ihm verhassten Engländer, rümpften ihre gepuderten Nasen, als er 1733 unter dem Pseudonym Dr. Shit eine Abhandlung über Fäkalien schrieb. *Human Ordure* (Menschlicher Stuhlgang). Der Satiriker und Politiker liebte Pseudonyme. Gern veröffentlichte er auch unter der uneitlen Bezeichnung »A Person of Quality« oder »A Person of Honour«.

Wir kennen Swift ja vor allem als Kinderbuchautor. Tatsächlich aber war er gefürchteter Zyniker. In *A Modest Proposal* machte er zur Lösung von Überbevölkerung, Armut und Hunger in Irland den »gemäßigten Vorschlag«, irische Babys als Nahrungsmittel zu nutzen und durch Exporte Profit daraus zu schlagen. Cruise, Cullum und Molko wären wohl nur als Nahrungsmittelergänzung durchgegangen.

Dass Größe eben immer relativ ist, erlebt Gulliver hautnah. Mal ist er der Riese, dann ist er in Brobdingnag der Zwerg. Brobdingnag, das Land der Riesen, irgendwo vor der Küste Afrikas, wo übrigens nicht Fliegen leben, die Weibchen begatten können, die 25 mal so groß sind wie sie. Das war gelogen, ist meinem Schwindelgefühl geschuldet. *So what?* Besorgen sie sich mal einen Bildband von Slinkachu, einem britischen Streetkünstler und Fotografen. Der arbeitet mit winzigen Modelleisenbahnfiguren, die er im großen London zu merkwürdigen Szenen drapiert. *Little people*, so heißen seine Arbeiten, und vor fast 300 Jahren hielt das große England das arme, kleine Irland im festen Würgegriff und der harngriesgeplagte, schwindelige Jonathan Swift, der Dr. Shit und Person of Quality, ließ seinen Helden Lemuel Gulliver dem Riesenkönig von England erzählen, so unschön, dass der riesige König von Brobdingnag über England urteilen musste: »Ich muss feststellen, dass ein Großteil Eurer Eingeborenen die verderblichste Rasse von widerlichem kleinen Gewürm ist, die die Natur je auf der Oberfläche der Erde erleiden musste.«

So. Die kleine Swifthuldigung endet hier. In 13 Jahren werden Sie gähnen können. Und sagen: Kenn ich, alles schon vor 13 Jahren gehört. Erheben wir unsere Martinigläser, trinken wir auf den irischen Exzentriker und stellen unsere Gläser dann auf Brian Molko ab, oder Jamie Cullum oder Tom Cruise, oder irgendeiner, der größer ist als wir, stellt sein Glas auf uns ab.

Wien

Manchmal leg ich mich abends ins Bett und denke mir: Prima! Schon wieder bin ich heute nicht Opfer eines Irren geworden, der mich zersägt und aufisst. Schon wieder wurde ich nicht irrtümlich für einen Islamisten gehalten und mit einer Drohne beschossen. Schon wieder bin ich kein laichender Stör und wurde bei lebendigem Fischleib meiner Eier beraubt. Warum also sollte ich granteln? Nur weil ich schon lange in Wien lebe? Um mich einzuschleimen bei schimpfenden alten Weibern in der U-Bahn?

Schaunmersichmalum. Wien im Hochsommer. Wos wüst da schimpfert sein? *Summer* sich ehrlich. Während in meiner Ruhrpottheimat unter Tage ein Tag dem anderen gleicht, ob Finsternis, ob Sonnenschein, dort unten wird es furchtbar sein, währenddessen also wär in Wien Trübsalblasen Kaiserschmarrn. Wir leben wie die verwöhntesten Maden im besten Speck! Wälzen uns im Badeschiff einmal von links nach rechts. Die Spitze vom Steffl auf der einen Seite, die Pippilottadecken auf der anderen, von der Adria nach Tel Aviv ein Katzensprung, von hinten winken die Weinreben aus Klosterneuburg und mit der bloßen Hand zieht man einen fast schon fertigzubereiteten Wels aus der fast blauen Donau. Und wenn wer zu laut schnarcht im Gänsehäufelschatten, dann schnurrt man ein »Gusch!«, und a Ruh is. Herrlich, Gott wäre nicht vom Glauben abgefallen und Scientologe geworden, hätte er mal ne Zeitlang in Wien gelebt. Wie Gott in Frankreich hätte Gott sich in Wien gefühlt, während er sich in Frankreich wie in St. Pölten gefühlt haben soll, wenn man den gestohlenen Unterlagen aus dem Vatikan glauben darf.

Nein, nicht weil ich von der SPÖ Wien den bronzenen Rathausmann versprochen bekommen hab, wenn ich brav und fleißig Wien lob, lob ich Wien. Sondern wois so is. Erwiesenermaßen. Kann man nachlesen. In sämtlichen Gazetten. Wien – Zürich – Vancouver. Die Topstädte dieser Welt. Die drei Lebensqualitätsweltmeister. In jeder gottverhurten Studie dieser Welt kämpfen diese drei Städte um die Krone. Dann wollen wir uns mal Wiens Widersacher anschauen.

Zürich. Ein Gin Tonic kostet hier durchschnittlich 18 Euro, eine furztrockene Semmel drei Euro. Ich saß mal im Zug neben einem Züricher. Er begann zu erzählen und ich begann nach Sekunden zu schnarchen. Schweizer haben keine Unterhaltungskunst in sich. Nennen Sie mir mal auf die Schnelle fünf Schweizer Komiker? Vier? Drei? Sehen Sie. Gut, man kann natürlich Lebensqualität haben, wenns nichts zu lachen gibt. Humorlosigkeit ist keine per se schlechte Eigenschaft. Aber würde Ihnen das lebensqualitätstechnisch reichen, einem arschfaden Kellner 18 Euro für einen staubtrockenen Martini zu zahlen?

Auf der anderen Seite: Mir hat in Zürich mal ein Hamburger Punkmusiker eine Wette angeboten. »Ich zeig dir meine Tätowierung am Unterarm und wenn du lachen musst, gibst du mir einen aus«, sagte er in seinem norddeutschen Matrosensprech.

»Ich lach aber nie bei so was«, sagte ich.

Er nickte und wiederholte: »Ich zeig dir meine Tätowierung und wenn du lachen musst, gibst du mir einen aus!«

Ich willigte siegessicher ein. Er krempelte sein Hemd auf. Auf seinem massigen Unterarm grinste mich fast lebensgroß Rudi Carrell an. Ich musste lachen. Und 18 Euro für seinen Schnaps bezahlen. 0,1 cl. Ich kann nicht gut rechnen, weil ich aus der Zeit vor der Zentralmatura komme, aber ein Liter Schnaps kostet in Zürich also 1800 Euro. Lebensqualität? Der Punk verließ Zürich und jetzt haben sie dort gar nichts mehr zu lachen. Der einzige originelle Schweizer, Dieter Meier von *Yello*, ist auch nie da. Zu Recht. Was sollte er dort auch tun? Geld haben ist ja kein sinnvoller Zeitvertreib, aber das ist das Einzige, was man in Zürich gut kann. Ein Hamburger Punk und ein nicht Anwesender, Entschuldigung, aber das reicht bei mir nicht für Platz eins im Lebensqualitätsranking.

Vancouver ist wie die Kettenbrückengasse. Also China-Town. Wäre der obere Teil des Naschmarkts am Pazifik, könnt man sich wie in Vancouver fühlen. Vancouver hat keine Altstadt, was man der relativ neuen Stadt nicht vorwerfen kann. Anders als Zürich, wo sich die Reichen aus Langeweile Heroin spritzen, um zu vergessen, wo sie sind, hat Vancouver offensichtlich kein funktionierendes Drogenprogramm für seine Junkies. Sie liegen einfach über-, neben- und durcheinander auf den Straßen der nichtvorhandenen Altstadt herum und die Chinesen steigen achtlos auf sie drauf. Ansonsten sieht die Stadt aus wie eine Mischung aus Donauplatte und SCS mit Stränden. Das Wahrzeichen der Stadt ist eine Uhr! Eine Uhr!

Übrigens: Der letzte Irre, der einen Mann zersägt und aufgegessen hat, kam aus Kanada.

Noch Fragen? Dem nächsten Irren, der auf Wien schimpft, schick ich ne Drohne. Mit freundlichen Grüßen, Störmann.

Die weiße Friseurrose

»Strache hat einen so hohen Haaransatz, dass ich von einer Halbglatze sprechen würde«, sagte ein befreundeter Friseur zu mir. Wir saßen in meinem Trabi, den ich einen Tag vor dem Mauerfall von einem Ostdeutschen gegen eine Banane getauscht habe. Das war Pech für den Ossi. Am nächsten Tag hätte er selbst ganze Stauden kaufen können, aber er war so bananengeil, dass ich seit 1989 den knatternden Zweitakter fahre. Mein Friseur fährt auch einen Trabi. »Aus Tradition fahr ich Trabi«, sagt er.

»Also gelt er sich die Glatze?«, fragte ich den Fachmann.

»Was?«, schrie er. Im Inneren des Trabis lärmte es wie in der Hölle. Bei der Konstruktion des Trabanten gab es keine Sounddesigner und Geruchsdesigner gabs auch nicht. Der Trabant verhält sich im Vergleich zu einem heutigen Auto etwa so wie ein »Punkt Punkt Komma Strich, fertig ist das Mondgesicht« im Vergleich zu einem fotorealistischen Werk von Gottfried Helnwein. Mein Trabi hat Ähnlichkeit mit einem Auto, ist aber keins. Er wirkt autoesk. Grotesk autoesk, aber er rollt auch, wie sein großes Vorbild aus dem Westen. Wenn man die Augen schließt und sich die Ohren verklebt, könnte man denken, man sei in einem echten, kapitalistischen Viertakter. Mein Trabi hat 0,5 PS und kommt nicht mal in einer Stunde von 0 auf 100. Rückspiegel gibts keinen, weil der Sozialismus schreitet nach vorn, der Sonne entgegen, der Freiheit. Rückspiegel sind für Ewiggestrige.

»Strache sieht aus wie einer der Baldwin-Brüder. Und zwar wie der, der immer auf den Bildern ganz rechts steht«, sagte mein Bekannter, dessen Frisiersalon »Ein haariges Unterfangen« heißt. Ein so bescheuerter Name, dass ich mehrere Jahre lang jeden Kontakt mit ihm abgebrochen hatte. Schließlich wurde ich altersmilde und mir wurde klar, dass Friseure sich pseudokreative Salonnamen ausdenken müssen, weil ihre eigentliche Arbeit furchtbar ist. Schuppige Kopfhäute massieren, fettige Splisszöpfe bürsten, graue Haarnester auseinanderreißen, Glatzen wie Halbglatzen aussehen lassen. Ohrenhaare zwischen Schorf und Eiter kürzen, Augenbrauenbüschel von schwitzenden Stirnen wischen. Wer das machen muss, tagein, tagaus, der muss sich »Hairgott« nennen. Mein Bekannter hat Warzen auf dem rechten Daumen und dem rechten Mittelfinger, weil beide Finger seit Jahren in der Schere stecken. Die Schere reibt die Haut, die sich mit Blasen wehrt, die dann zu Warzen werden. Durch die Chemie, die er den Kunden ins Haar schmiert, ist die Haut seiner Hände chronisch gerötet. Seine Hände sehen aus, als wären sie in einen Senfgasangriff geraten.

»Vokuhila«, sagte er. »Vorne kurzsichtig, hinten langweilig!«

»Vorne Kuh, hinten Lama«, antwortete ich und er nickte mit ernstem Blick, als hätte unser kleiner Dialog irgendeinen Sinn gehabt.

»Ich hab einen Skinhead frisiert. Er wollte kahl geschoren werden, ich hab ihm aber hinten ein Büschel Haare stehen lassen!«

»Wow«, sagte ich anerkennend, »du bist ja so was wie die Sophie Scholl der Friseure. Du hättest Hitler wahrscheinlich den Scheitel andersrum gekämmt. Respekt!«

»Der Skinhead sah aus wie ein Hare-Krishna-Jünger. Nur ohne gelben Umhang.«

»Na ja, Hare-Krishna-Typen haben auch ganz selten Springerstiefel.« Es rumpelte. Ich war über einen Hund gefahren. Ich habe hinten an meinem Trabi einen Aufkleber: »Ich bremse nicht für Tiere«, man kann mir also nichts vorwerfen. Traurig drehte sich der Friseur nach dem überfahrenen Hund um.

»Dem Hund ist nichts passiert. Der steht schon wieder«, sagte er.

»Das ist der Vorteil vom Trabi. Du kannst mit einem Trabi niemanden verletzen. Der Wagen tut nichts.«

Er nickte wieder traurig vor sich hin und fuhr sich mit seiner knallroten Chemiehand durchs Haar.

»Hast du dir nie überlegt, mit Handschuhen zu arbeiten?«, fragte ich ihn.

»Doch. Jeden verdammten Tag überleg ichs mir. Jeden verdammten Tag.«

»Und?«

»Dann wasch ich sie doch ohne Handschuhe. Das ist blöd. Aber was willst du machen? Trabition ist Trabition!«

Ich hielt, indem ich kein Gas mehr gab. 400 Meter lang rollte der Wagen aus. Der pfiffige Bananenossi hatte damals die Bremse ausgebaut, bevor er mir den Trabi verkaufte. Vorm »Ein haariges Unterfangen« blieben wir stehen. Er gab mir die knallrote Hand und seine Warzen taten mir weh.

»Danke«, sagte er, »morgen ist mein Trabi fertig. Dieser Skinhead hat mir fotorealistisch HC Strache auf den Trabi gesprayt. Ich habs übermalen lassen.«

»Was für ein Motiv?«

»Punkt Punkt Komma Strich, fertig ist das Mondgesicht.« Er stieg aus und betrat das haarige Unterfangen.

Glücklich Reiben

Warum ich nicht gern in der Mafia wär? Bei meinem Glück (wohl weil ich auf der Mariahilferstraße einmal von einer völlig zerwarzten Christin der Legion Mariens einen Talisman – »nur ein Stückchen Metall? Nein, die wunderbare Medaille der Unbefleckten! Auf der Vorderseite sehen wir Maria als die unbefleckt empfangene Schlangenzertreterin. Haben Sie Vertrauen. Beten Sie oft die kleine Anrufung, die auf der Medaille erscheint: ›Oh Maria, ohne Sünde empfangen, bitte für uns, die wir zu dir unsere Zuflucht nehmen‹!« – geschenkt bekam, der mir seitdem bereits Folgendes bewirkte, indem ich das obige Gebet sprach und den Talisman dabei rieb:

– Ich war ein einfacher Taxifahrer aus Düsseldorf, rieb und wurde Fernsehmoderator.

– Ich war im März in Trinklaune, aber abgebrannt, rieb und wurde von der Kellnerin auf ein Glas Wasser eingeladen.

– Die Kirche drohte mich zu pfänden, ich rieb und die Kirche schob die Pfändung auf.)

wäre ich bestimmt schnell sehr weit oben in der Clan-Hierarchie der Camorra, der ’Ndrangheta, der Sacra Corona Unita oder der Stidda. Bei meinem Charme wär ich wahrscheinlich sogar ohne großes Talisman-Reiben und gebetsmühlenartiges Herumgebete schnell capo di tutti i capi. Und dann? Säße ich milliardenschwer in einem Erdloch und hätte kaputte Augen, weil ich dort im Finstern säß, wenns stimmt, was Roberto Saviano über Salvatore »Totò« Riina gesagt hat. Riina wurde in der Cosa Nostra »u curtu« genannt, *der Kurze*, er hatte eine kaum existente Körpergröße und gab sie in Millimetern an, damit es einigermaßen stattlich klang. Die Medien gaben ihm den Beinamen »la belva«, *die Bestie*. Er hat über hundert Mordaufträge gegeben, etwa ein Dutzend selber ausgeführt, schlief aber unterhalb eines Schafstalls. Dort wurde er verhaftet und zu zehnmal Lebenslang verurteilt, was reichen sollte, um ihn aus dem Verkehr zu ziehen.

Saviano hat das Mafiabuch *Gomorrha* geschrieben, er kommt aus einem von der Camorra beherrschten Dorf, wenn seine Schulfreunde ihn besuchen wollten, musste der örtliche Mafiaboss seine Zustimmung geben. Deshalb hat Saviano ihm irgendwann in seine Badewanne gepinkelt. Hut ab, das ist Mut: dem Mafiaboss ins Bad schiffen. Aber besser nicht nachmachen!

Nach außen leben Mafiabosse unscheinbar und spießig, im Keller und in Höhlen unter den Dörfern horten sie Waffen und Reichtümer und die obersten Chefs sind ständig auf der Flucht und schlafen auf Ziegenkot. Da bin ich lieber beim ORF. Verdien ähnlich gut, hab aber bessere Wohnverhältnisse. Ich reib schnell mal meinen Talisman. »Oh Maria, mach, dass ich nicht Mafiaboss werden muss. Ich bin gern in Italien, aber überirdisch. Amen.«

Vielleicht hat Maria mich aber längst erhört. Denn es gibt einen neuen Trend: In Sizilien, in Kalabrien, Kampanien oder Apulien, überall finden sich zunehmend Frauen an der Spitze der Clans. Das italienische Wochenmagazin *L'Espresso* spricht von der »Stunde der Patinnen«. Die Mafiafrauen haben sich nicht nur emanzipiert, sie sind sogar noch kompromissloser als ihre männlichen Kollegen.

Schreckliches berichten reuige Camorra-Mitglieder in Neapel über eine als »Tragicatore« (»die für Tragödien Sorgende«) bekannte Clanchefin. Ihr Lieblingssatz lautet sehr unschön: »Wir brauchen Tote!« Genauso für ihre Härte berühmt ist die erst 24-jährige Ilenia Bellocco, die nach der Festnahme ihres Mannes Giuseppe Pesce den berüchtigten Pesce-Clan leitete, bis sie im Mai verhaftet wurde. 130 Mafiabräute sitzen zurzeit in italienischen Hochsicherheitsgefängnissen.

Das neue große Ding in Italien: Der »Donna-Boss«. Handtaschen und Handgranaten. Hab ich das hergerieben? Wollte die unbefleckt empfangene Schlangenzertreterin mich schützen, indem sie die Führungsetage der Mafia verweiblicht? Der Papst wohnt in Rom und Gott bei ihm zur

Untermiete. Ich halts für nicht undenkbar, aber unglaublich. Doch wenns stimmen sollte, steh ich nicht an, den Talisman zu reiben und der Legion Mariens zuzurufen: »Oh Maria, danke, dass ich nicht in einem süditalienischen Erdloch leben muss.«

In der Orgasmushöhle

In diesem Sommer habe ich nicht viel erlebt. Ich war vier Wochen in Frankreich. Côte d'Azur mit Woody Allen und Paris mit Charlotte Casiraghi. Mit beiden ödete ich mich an. Deswegen hatte ich vor, nach England zu fliegen, um dort zwischen brennenden Autos und eingeschlagenen Fenstern eine Art Kick zu erleben. Ich buchte einen Flug von Paris nach Dublin. Ich irrte mich, ich weiß. Dublin ist nicht in England, hätt ich selbst draufkommen können. Aber ich war durch die unglaublich fade Zeit mit Woody und Charlotte dermaßen hirntot, dass ich nicht nachgedacht hab. Können Sie sich das vorstellen? Ich hatte 22 Tage mit der schönen Tochter von Caroline von Monaco in einem plüschigen Pariser Liebesnest verbracht, vorm Hotel auf der Straße campierten Hunderte von Männern, alle verliebt in Charly, wie ich sie nenne. Sie stand nackt und verführerisch vor mir und lag nackt und verführerisch auf mir und hockte nackt und verführerisch neben mir, doch mir war einfach nur langweilig. Paris ist die »Stadt der Liebe«, ich weiß. Aber ich hatte auf dem Weg zu unserer Orgasmushöhle im Quartier Latin Miriam Lahnstein und Isa Jank gesehen. Deswegen war Paris für mich die »Stadt der Verbotenen Liebe«. Ich bin seit 4000 Folgen als Zuschauer dabei und hab Miriam Lahnstein deshalb sofort erkannt. Arm in Arm mit Charly sagte ich: »Schau, Charly. Das ist Miriam Lahnstein. Sie ist seit Folge 109 das Serienbiest Tanja von Lahnstein. Sie sieht aus wie eine Nachrichtensprecherin vom NDR, ist aber ein Serienstar!«

»Aha«, sagte die Prinzessinnentochter angeödet. Scheinbar kann man *Verbotene Liebe* in Monaco nicht empfangen.

»Und die Dame daneben, das ist Isa Jank, sie spielt das Serienbiest Clarissa von Anstetten. Sie war am Anfang dabei, hat dann aber 10 Jahre pausiert und spielt seit heuer wieder mit. Findest du nicht auch, dass sie aussieht wie eine gealterte ZDF-Nachrichtensprecherin, Charly?«

Aber *Verbotene Liebe* interessierte sie nicht. Wenn man so reich ist wie Charly, hat man nichts übrig für öffentlich-rechtliches Fernsehen. Da hat man Pay TV, Free TV ist für die Angestellten. Ich hätt mich gern mit Charly über die beiden Serienbiester unterhalten, oder über Prinz Gregor I. Ritter von der Waldenau und Luise Fürstin von Waldensteyck. Intrigenadel – das war doch Charlys Welt, aber sie hatte überhaupt keine Ahnung, worüber ich sprach, also wurde es schnell unergiebig, mit ihr zu diskutieren. »Sieh mal, Dirk«, hauchte sie mir ins Ohr. »Das sind Schauspielerinnen. Die sind nicht wirklich adelig. Die tun nur so, alles klar? Komm«, sagte sie und zog mich in unser Hotel d'amour. Sie zog sich einfach nur wieder aus und schaute verführerisch, aber ich hatte zu so einer oberflächlichen Beziehung keine Lust. Schon Woody Allen wollte nie mit mir gemeinsam in Nizza im Radisson Hotel am Boulevard des Anglais im Vorabendprogramm ARD schauen. Und da heißts immer, Allen sei filmverrückt. Also ließ ich die nackte und verführerische Charlotte in unserer sündhaft teuren Sündenauberge zurück, um der Eintönigkeit gen England zu entfliehen. Stunden später saß ich in der Air-France-Maschine Paris – Dublin. Einige Reihen vor mir saß vom Fenster bis zum Gangplatz der etwa 600 Kilo schwere Gerard Depardieu. Die Maschine rollte los, plötzlich hörte man Depardieu brüllen: »Ich will pinkeln, ich will pinkeln!« Eine Flugbegleiterin versuchte den Schauspielerkoloss zu beruhigen. Er müsse nur noch kurz warten, bis die Maschine in der Luft sei. »Ich kann nicht warten«, brüllte der angetrunkene Depardieu und erhob sich von seinem Platz. Meine Sitznachbarin, eine deutsche Touristin, die mir sehr sympathisch war, weil sie in einer *Verbotene Liebe*-Fanzeitschrift blätterte, rief entgeistert: »Der wird doch nicht?« »Nein, nein. Keine Sorge«, beruhigte ich sie in den Worten von Charlotte Casiraghi. »Der ist Schauspieler, der muss nicht wirklich pinkeln. Der tut nur so.«

Und dann ist Gerard Depardieu aufgestanden und hat auf den Boden gemacht.

Frontal enthemmt

Machen Sie das nicht nach. Falls Sie es doch tun, bitte: Ich hab sie gewarnt! Ich bin nicht bereit, später irgendwelche nervtötenden Gespräche mit Ihnen führen zu müssen, unerquickliche, arschlochoide Gespräche, bei denen Sie sich darauf rausreden werden, dass Sie nichts dafür können, weil Sie ja ein Charakterschwein sind, was Sie mit unzähligen Attesten bestätigen werden.

Was Sie also nicht nachmachen sollen: Wenn Ihnen bei einem Unfall der Schädel zerbricht und Ihr Gehirn hinauswill, greifen Sie es bitte nicht an. Wischen Sie es vor allem nicht unachtsam weg. Einmal über die Stirn gewischt und schon sind Sie ein Monster, ein gefühlloser Zombie, ohne jedes Verantwortungsgefühl, ohne Mitleid, ohne alles das, was uns Menschen von Frau Fekter unterscheidet. Frontotemporale Demenz führt zum Verlust ethischer Werte. Der präfrontale Cortex (PFC) ist der Teil direkt hinter der Stirn, der unter anderem dafür zuständig ist, die Folgen möglicher Handlungen vorauszusehen. Zum Beispiel, dass achtjährige Mädchen weinen, wenn sie unter Waffengewalt aus dem Bett gerissen werden. Wer frontal enthemmt ist, dem sind fremde Tränen fremd.

Zum ersten Mal wurde die Bedeutung des Frontalhirns untersucht, als 1848 dem englischen Bahnarbeiter Phineas Gage bei einem Unfall eine Metallstange quer durch sein Gehirn schoss. Seine intellektuellen Fähigkeiten waren nach seiner Genesung nicht beeinträchtigt, doch seine Persönlichkeit hatte sich massiv verändert. Aus dem liebenswerten Phineas war ein impulsives, kindisches und unzuverlässiges Schwein geworden. Ein Seelenzombie war Herr Gage geworden. Ganz und gar im Würgegriff des Morbus Pick, der sich auch in Form von Triebhaftigkeit, Euphorie sowie generellen Enthemmungsphänomenen wie Witzelsucht und sexuellen Anzüglichkeiten und Handlungen zeigt. Ich habe Frau Fekter noch nicht kennengelernt und weiß deswegen nicht, ob sie Zote um Zote reißt und schamlos in den Schritt greift. Falls nicht, ist sie womöglich gar nicht das Opfer eines schrecklichen Unfalls, sondern ist wirklich so.

In der Wochenzeitung *Freitag*, die aus einem Denkfehler heraus donnerstags erscheint, las ich einen Text zu Dieter Bohlen. Dort erfuhr ich etwas Interessantes: »Bohlen, auch Pfosten, ist die Bezeichnung für Schnittholz mit einer gewissen Mindeststärke und ausgeprägten Breite.«

Dieter Bohlen ist mit Frontotemporaler Demenz auf die Welt gekommen und anschließend mit dem Kopf in eine Armada von Metallstangen geraten. Eventuell ist er dann noch mit seinem geplatzten Kopf gegen das blonde Lockenköpfchen unserer ehemaligen Innenministerin geknallt, woraufhin er sich das bisschen Hirn, das nach außen drängte, mit seinen norddeutschen Wurstfingern abwischte. Nur so kann man es sich erklären, wenn ein 60-jähriger Mann sich über singende Kinder lustig macht. Da grinst der Morbus Pick bei jedem zweiten Satz aus Bohlens Blick.

Haben Sie jetzt auch Angst, vielleicht frontal enthemmt zu sein? Weil Sie schon mal bei einem Bohlenwitz gegrinst haben? Sie können das ganz gut überprüfen. Schauen Sie in den Spiegel. Hängt Ihnen eine Eisenstange aus dem Kopf? Wenn ja, haben Sie ein echtes Problem. Wenn nein, siehts gut aus. Haben Sie laut gelacht, als Arigona und die Zwillinge abgeschoben wurden? Wenn ja, schauen Sie sicherheitshalber noch einmal nach, ob Ihnen wirklich keine Eisenstange aus dem Kopf hängt.

Wenn Sie sich aber manchmal denken: »Mah, arm!« Und dabei nicht ausschließlich sich selbst meinen, ist wahrscheinlich alles im Lot.

Blunznfett im Minarett

Ich war in der Kirche. Mit Abstand der Jüngste. Neben mir blasenschwache Rentnerinnen und inkontinente Greise. Aber nirgendwo ein Klo. Wann wird es endlich so weit sein, dass man nicht nur aus der Kirche austreten wird können, sondern auch in der Kirche?

Ich kniete mich hin zum Gebet und bemerkte, dass irgendwer in die Kirchenbank geritzt hat: »Blunznfett statt Minarett« und »Stephansdom statt grissenes Kondom«.

Dann wollt ich wieder aufstehen, aber ich hatte auf einem Kaugummi gekniet. Ob das die Kirche dort hinpickt, um die Leute in der Kirche zu halten? Falls ich in den Himmel komme, was ich aufgrund meines Lebens bezweifle, aber falls, dann werde ich mich vor Gott hinstellen und sie fragen: »Küss die Hand, gnä' Frau, aber wer sind Sie eigentlich wirklich?«

Ich hab mal einen Bericht über einen Mann gesehen, der im Wald aufgewachsen ist, ganz ohne Menschen. Er ist aufgewachsen zusammen mit Fichten und Tannen. Dass Menschen nicht nadeln, war für ihn eine völlig neue Information. Aber das Leben unter Menschen war nichts für ihn, er drohte regelrecht zu verdörren. Wer sein Leben lang daran gewohnt ist wie ein Baum zu leben, für den sind Mediamärkte und U-Bahnen nichts. Er zog dann schnell wieder traurig in den Wald zurück und steht dort heute wieder an seinem angestammten Platz zwischen den Fichten und Tannen. Freundliche, herzensgute Waldarbeiter haben ihm einen weißen Farbklecks auf den Bauch gepinselt, der schützt ihn vor Rodung.

Der Mann ist heute Mitte dreißig und scheint nichts zu vermissen. Er sieht ein bisschen aus wie Roland Düringer, nur ohne Plastik-Perlen im Bart und Internet-Blog. Ihm fehlt nichts, weder Kino, noch Sport, ihm scheinen die Einsparungen im öffentlich-rechtlichen Fernsehen genauso egal zu sein wie Privatfernsehformate mit Titeln wie *Bauer sucht Frau* oder *Knecht bumst Schaf*. Ganz sicher kann man es nicht sagen, weil er selber nicht spricht. Wer nur von Hölzern sozialisiert wurde, dem kann kein Logopäde mehr helfen. Er bewegt manchmal seine Arme im Wind, dann rauscht es leicht, das ist alles. Angenehmer Zeitgenosse. Wer U-Bahn fährt, wünscht sich solche Waldmenschen als Mitpassagiere. Alles besser als der Handyauswurf, der durchgehend quasselt wie eine Quasselstrippe. Warum telefonieren eigentlich vor allem Fahrgäste mit Migrationshintergrund in Düsenjet-Lautstärke? Wissen sie nicht, dass das Telefon ja gerade erfunden worden ist, damit man nicht bis nach Kaschmir oder Timbuktu schreien muss? Und wenn sie so urknalllaut brüllen, dass man sie ohne Telefon daheim verstehen kann, brauchen sie ihr Handy nicht, dann können sie die Gebühren sparen, die sie den Handyhunden und ihren sprechenden Knochen in ihre gierigen Schlünder schütten.

Ach, was weiß denn ich. Eine Freundin hat nach Jahren wieder zu studieren begonnen und tat sich nach der langen Pause schwer mit theoretischen Texten. Sie las Claude Levi-Strauss, Martin Heidegger und Theodor W. Adorno und verstand nichts. Der Inhalt verschwamm ihr vor den Augen, sie begriff die Codes nicht. Also begann sie damit, alles zu unterstreichen, was sie verstand. Sie unterstrich Worte wie »ich«, »ging«, »auch«, »und«, »aber«.

So tastete sie sich vorsichtig vor. Dem Waldmensch ist Adorno schnuppe, aber da wir nicht alle im Wald herumstehen können, müssen wir die Dinge in unserem Leben unterstreichen, die wir kennen.

Kenn ich, kann ich, interessiert mich nicht mehr. Wer auch immer »Blunznfett statt Minarett« und »Stephansdom statt grissenes Kondom« in die Bänke von St. Stephan geritzt hat, wollte unterstreichen, dass Religion Privatsache ist, so wie Alkohol und Sex. Manchmal hab ich das Gefühl, Gott war betrunken, als sie uns schuf. Hat sich in der Himmelsdisco irgendeinen Proll rausgepickt, irgendeinen Horst oder Harry, schlechten, betrunkenen Sex gehabt, Kondom gerissen, schwupps, und da waren wir. Blunznfett im Minarett.

Zwischen hohen Bäumen und hohen Handyrechnungen. Ein Komplettdeliriumsfinne erzählte mir einmal am Tulbinger Kogel im Wienerwald über die Finnen Folgendes: »Wir kommen alle aus der mongolischen Steppe, die Ungarn und wir Finnen. Eine verdammte Familie. Dann zogen wir gemeinsam nach Westen. Irgendwann stand an der Straße ein Wegweiser. Unter dem Pfeil, der nach rechts zeigte, stand: »Kalt, Wölfe, finster«. Unter dem Pfeil, der nach links zeigte: »Warm, schöne Frauen, Wein und Salami«. Der Finne sabberte Schnaps und sagte: »Alle, die lesen konnten, gingen nach links, meine Leute gingen nach rechts. Zu den Wölfen. Dort lebten wir Finnen über Jahrhunderte im finsteren, kalten Wald, in ständiger Angst vor den Wölfen. Deshalb zogen wir irgendwann entnervt und neurotisch in die Stadt. Und seit dem Moment«, er nahm einen weiteren tiefen Schluck aus der Zwei-Liter-Aquavit-Flasche, »sehnen wir uns nach dem Wald zurück. Deshalb sind wir immerzu blunznfett«, lallte der Finne und verschwand mit einem wackligen Tangoschritt im Holz. Mit einem lauten Rülpser unterstrich er seinen Zustand, wie meine Freundin »ich«, »ging«, »auch«, »und«, »aber«.

Diese ÖBB-Kolumne sollte eigentlich früher kommen

Ich saß im Zug. In meinem Abteil saßen zwei Damen, die wütend aus dem offenen Fenster starrten. Die eine Dame sagte: »Könnten Sie das Fenster schließen? Draußen ist es kalt!« Die andere antwortete: »Wenn ich das Fenster schließe, wird's draußen auch nicht wärmer!« Ich schlug mich, wie immer, auf die Seite der Frierenden. Zwei zu eins fürs Fensterschließen. Wir saßen im IC »Erlebnis Demokratie« nach Graz und die keifende Alte musste in den sauren Apfel der Minderheit beißen. Wenn man schon Züge braucht, um Werbung für eine Staatsform zu machen, dann stimmt was nicht. Noch dazu, wenns ein Zug der ÖBB ist. Wie kommt das wohl bei demokratiekritischen Skinheads in Bruck an der Mur an, wenn der IC »Erlebnis Demokratie« 30 Minuten zu spät kommt? Da müssen Christoph Fälbl und Ciro de Luca viele TV-Spots aufnehmen, um das wieder wettzumachen.

Ich saß einmal im EC »Europäischer Computer-Führerschein« zusammen mit einem angetrunkenen FPÖ-Gemeinderat aus Vorarlberg, der auf die EU schimpfte. Er musste mit dem Zug fahren, weil man ihm den Führerschein abgenommen hatte. »Ich hatte 1,5 Prozent«, erklärte er mir. »Sie meinen Promille?«, verbesserte ich ihn. »Nein, Prozent. Mit 1,5 Promille ist man ja nüchtern. Scheiß EU«, lallte er. »Früher wär ich mit dem Gendarm auf ein Stamperl gegangen, aber in der EU bist du sofort den depperten Lappen los. ›Europäischer Computer-Führerschein‹«, sagte er angewidert und spuckte mir auf meinen englischen Maßschuh, der den Wert eines Kleinwagens hat. Aber als ORF-Moderator kann ich es mir leisten. Ich lächelte den betrunkenen Nationalisten an. Ich hatte vorher nämlich im IC »Rote Nasen« gesessen und ich wollte mir die dort erworbene gute Stimmung nicht von dem blauen Schluckspecht zerstören lassen. Im IC »Rote Nasen« kontrollierten CliniClowns. Zwei Jugendliche waren in meinem Abteil beim Schwarzfahren erwischt und festgenommen worden. Die CliniClowns führten sie ab und erzählten den 15-Jährigen dabei Witze, über die schon Fünfjährige nicht mehr gelacht hätten. Ich musste deshalb sehr lachen.

Der Vorarlberger hatte vom Saufen eine rote Nase, erzählte aber immerhin keine Witze.

»In Deutschland, diese evangelische Bischöfin Margot Käßmann, die ist auch mit 1,5 Promille erwischt worden«, sagte ich.

»Prozent!« Er war wütend, dass ich den Unterschied nicht begreifen wollte. »1,5 Promille, da hast du vielleicht als Bischöfin einen Damenspitz, aber ich brenn meinen Schnaps selbst, seit ich in der Volksschule bin. Nach fünf Dopplern gewinn ich dir noch bei jedem Mikadospiel!«

»Jedenfalls ist die damals zurückgetreten«, sagte ich.

Er starrte mich wütend an. »Zurückgetreten?«

Plötzlich packte er mich am Kragen meines teuren italienischen Anzugs und warf mich aus dem Abteil. Er jagte mich durch die Gänge des EC »Europäischer Computer-Führerschein« und prügelte mich in Kufstein aus dem Zug. Als der Zug den Bahnhof verließ, sah ich, wie er von innen gegen die Tür spucken wollte, aber die Spucke blieb ihm am Mund hängen. Er sah aus, wie an Tollwut erkrankt. Und irgendwie war er das ja auch.

Ich blieb am Bahnsteig in Kufstein stehen, bis mit 60-minütiger Verspätung der EC »Handl Tyrol Speck« einrollte. Leider mit einem Triebwerkschaden. Traurig stand ich da. Es begann zu regnen. Ein Rollstuhlfahrer bot mir an, dass ich mit ihm unter einen Schirm kniee. Ich nahm dankbar an. Die Festung Kufstein starrte uns an. Am gegenüberliegenden Bahnsteig fuhr ein der IC »Unser soziales Österreich«. Ein Kind glotzte aus dem Fenster und bohrte mit dem Mittelfinger in der Nase. Das Kind sah aus wie Christoph Fälbl mit fünf. Unheimlich. Fälbl und de Luca grinsten von einem ÖBB-Plakat.

»Ich bin vom IC »Roco Modellbahnträume« überfahren worden. War meine Schuld«, sagte der Rollstuhlfahrer.

»Das tut mir leid«, antwortete ich. Der Regen wurde stärker.
»Wurscht. Ich arbeite im Call-Center. Sitzende Tätigkeit. Für mich hat sich wenig geändert. Ich hab mich nie viel bewegt.« Ich nickte verständnisvoll und lächelte ihn an. »Auf Gleis zwei fährt ein der EC ›Österreichisches Bundesheer‹. Achtung! Zurücktreten!«

»Soll ich Ihnen beim Einsteigen helfen?«, fragte ich den Rollstuhlfahrer.

»Nein, nein. Ich fahr nicht mit dem Zug. So weit bin ich noch nicht. Bahnsteig geht schon, aber näher trau ich mich nicht ran«, sagte er. »Noch nicht. Mein Therapeut sagt, das dauert noch. Man muss warten. Wie auf die ÖBB!«

Ich gab ihm die Hand und stieg ein. »Eigentlich fahr ich wirklich gern mit dem Zug«, dachte ich mir, während ich einen freien Platz suchte. Und nicht fand.

Gott und die Korinthenkacker

Ich habe gerade einen Roman fertiggestellt. *Stoß im Himmel* heißt er und es ist schon arg, das gebe ich zu, wie ich mit den Protagonisten meines Romans umgesprungen bin. Kaum wird der Geburtstag eines Helden in den Hochsommer verlegt, schon muss er sterben und zwar, bei genauerer Betrachtung, mindestens zwei Jahre vor seinem Geburtstag. Weil sonst wäre die Inschrift auf dem Grabstein falsch und die zu ändern, das wäre viel anstrengender, als ihn, so leid es tut, früher unter die Erde zu bringen.

Romane zu schreiben heißt Gott spielen. Er wird überfahren, sie hat Krebs, ihm fällt ein Ast auf den Kopf, sie stürzen ab, er bleibt in einem Gletscher verschwunden, das Liebespaar gerät mit dem Ruderboot zwischen zwei Öltanker und wird zermalmt. Ich ließ schon einen Hundertjährigen beim Sex sterben, gnädig, wie ich bin.

So war das wohl auch bei denen, die die Bibel geschrieben haben, die ja eher eine Art Kurzgeschichten-Anthologie ist. Als die vielen Autoren sich im Verlag getroffen haben, sagen wir, er hieß Kain&Abel Verlag oder Edition Vorhölle, das waren bestimmt interessante Gespräche.

Gefühlt waren alle bärtig, genderungerecht bis zum Abwinken ausschließlich Männer, die sich in einem aramäischen Kauderwelsch miteinander unterhielten, keine Tinte an den Fingern, sondern Steinstaub zwischen den Nägeln und schwielige Hände, weil man damals ja oft noch unpraktisch statt Papier Stein verwendete. Unglaublich blöd. Papier ist ja nicht nur geduldiger, sondern auch viel leichter. Man sieht hier: Früher war alles schlechter! Manchmal schrieben sie auf Leder, was ja ebenfalls kaum als PC gewertet werden kann.

Tobit, Baruch und Matthäus, Markus, Lukas, Johannes, Paulus, und wie die ganzen Korinthenkacker noch so hießen, was ich nicht despektierlich meine. Die Korintherbriefe sind prima Prosa. Aber was ist Gott auch für ein entspannter Verleger? 1200 Jahre haben seine Autoren an dem Buch, beziehungsweise den »Büchern« (griechisch: Biblia) geschrieben. Sag das mal dem *Wiener*-Chef: »Du, ich schreib an meinem nächsten Text noch etwas über 1000 Jahre!« Da ist Gott schon deutlich großzügiger als der *Wiener*-Boss. Darum ist der auch der Gott eines Männermagazins, während der echte Gott für Frauenzeitschriften ebenfalls zuständig ist, für *Hobby&Elektronik, Österreich, Bild, Frau im Rückspiegel*, das Alpenvereins-Magazin, das Bezirksblatt, und, und, und. Die bärtigen Schriftsteller der Bibel (gut, es gab auch Frauen im Alten Testament, Judit, zum Beispiel. Aber die hat so einen Quatsch geschrieben, die kann man nicht ernst nehmen. So hat sie beispielsweise Nebukadnezar zum König von Assyrien gemacht, obwohl der doch in echt König von Babylonien war! Da rächte sich, dass es damals noch keine Schulpflicht gab und Mädchen oft schon mit sieben oder acht mehrfache Großmütter waren! Auch alles viel schlechter als heute!) hatten einen Top-Lektor, nämlich den Heiligen Geist, der dafür gesorgt hat, dass, bis auf Judit, alle Texte einer »Irrtumsfreiheit« unterliegen. Das ist cool und macht meinen Lektor nervös. So irrtumsfrei wie der Heilige Geist wird mein *Stoß im Himmel* kaum hinzukriegen sein.

Allerdings glaube ich nicht an Gott, aber daran, dass die Bibelautoren irrtumsfrei sich vieles ausgedacht haben. Es ist einfach manchmal besser aus Autorensicht, wenn einer von einem Wal geschluckt wird, aber wieder unversehrt rauskommt. Und wenn da plötzlich ein Meer den Weg verstellt, ist es aus Autorensicht völlig in Ordnung, wenn das Meer sich teilt oder wenn Dornenbüsche im richtigen Moment zu brennen beginnen. Dramatisierte Wirklichkeit nennt man das. Manchmal muss man der Wahrheit nachhelfen. Das ist nicht fromm, aber clever.

Ich habe übrigens nur zwölf Wochen an meinem Roman geschrieben, nicht zwölfhundert Jahre. Aber auch die Ullstein-Chefin Siv Bublitz wäre nach spätestens 100 Jahren ungeduldig geworden. Noch dazu hatte ich ja bereits einen Vorschuss bekommen. Ob Gott das auch so gemacht hat?

Hier, Lukas, hast du schon mal die Hälfte deines Honorars! Wohl nicht, seinerzeit gings ja um Gotteslohn. Aber damals waren die Mieten auch noch niedriger und wenn der Vermieter einem der Bibelautoren blöd gekommen wäre, hätte Gott ihm sicher eine Heuschreckenplage auf den Hals gehetzt. Das machen für mich leider weder *Wiener*-Chef noch Ullstein-Bublitz. Von Bene, dem Czernin-Chef, ganz zu schweigen.

Detlef 1

Ich habe für 200 Euro Zehn-Euro-Scheine im Wert von 100 Euro aufgegessen. Damit hab ich etwas für unsere Währung und gegen die Inflation getan und endlich weiß ich, dass Geld nach staubigem, ranzigem Tofu schmeckt.

Das Ganze war eine Charity-Veranstaltung von europäischen Spitzenköchen für verarmte Banker und weil ich ein Herz hab wie ein Bergwerk und wusste, dass der mir unsympathische Fendrich nicht singen wird, hab ich mich gerne zur Verfügung gestellt. Mir tun diese verarmten und gedemütigten Wirtschaftsherren furchtbar leid. Erst studiert man jahrelang schnarchend langweilig öde Volkswirtschaft und BWL und muss sich in zu enge Anzüge stecken und jeden Tag rasieren, selbst wenn die Haut mal Ruhe bräuchte, und Scheitel ziehen und hochnäsig schauen, obwohl man doch lieber unrasiert und mit offenen Turnschuhen ein lässiger Kerl wär. Das tut man für die Karriere und was wird draus? Man steht in der Zeitung mit Bild als Depp von Welt und sämtliche Pfeile zeigen nach unten. Fallende Preise und keine Renditen. Von der Wall Street zu Wal-Mart.

Während ich also einen von Gehrer zubereiteten Zehn-Euro-Schein auf Wacholderjus aß, dachte ich an meinen Jugendfreund Detlef zurück. Detlef wohnte im Nachbarhaus. Bei ihnen gab es samstags häufig Graupensuppe. Ich hatte keine Ahnung, was Graupen sind, vermutete aber ob ihrer klanglichen Nähe zu Raupen, dass unsere Nachbarn eine Insekten- oder Würmersuppe im Topf hatten. Jeden Samstag starrte ich ihn ungläubig an, wenn er mit dem Fußballspielen aufhörte und sagte: »Ich muss jetzt essen gehen!« Ich blickte ihm hinterher, tief traurig, so ähnlich, wie ich heute Banker anschaue. Die Vorstellung, dass er viele Jahre vor dem Dschungelcamp eine Art Madensuppe essen musste, brach mir mein lukullisches Herz.

Detlef trug eine Zahnspange. Wir waren beide knapp um die zehn Jahre alt und er nahm die Spange zum Essen heraus.

Unglaublich viel Speichel hing an dem Drahtgestell, wenn er die Klammer in die Plastikbox gab, wo sie geschützt vor sich hin schimmeln konnte, in einem Meer von Spucke, während Detlef die Ekelsuppe schlürfen musste.

Nach dem Essen, so stellte ich mir vor, setzte er die triefende Klammer wieder auf die Zähne, in deren Zwischenräumen Graupen krabbelten.

Detlef war kein Gourmet. Das wurde mir unter einer Fußgängerbrücke klar. Die Brücke führte über einen kleinen Bach in der Nähe unseres Hauses. Wir bauten dort sehr oft vollkommen sinnlose Staudämme. Stundenlang konnte Detlef im Bach stehen und bauen, während mein Interesse schnell erlahmte. Irgendwann rief Detlef dann: »Frühstückspause!« Wir setzten uns unter die Brücke und Detlef holte aus einem Rucksack eine Tüte Chips. Die Chips benutzte er wie eine Schaufel und wie ein Baggerfahrer des Wahnsinns fuhr er mit den Chips durch den Ufersand und steckte sich alles in den Mund. Während er genüsslich kaute, zückte er schon die nächste Chipslette und sammelte kleinste Steinchen, Tierchen und nasse Blätterreste ein. Wenn er kaute, knirschte es in seinem Mund. Ich schaute ihm mit weit aufgerissenen Augen dabei zu. »Auch?«, fragte er. Ich starrte abwechselnd ihn an, dann die offen am Boden liegende Plastikbox mit der Speichelklammer und die Chips mit dem Erdreich-Belag. »Nein. Danke. Hab keinen Hunger«, antwortete ich. Statt einer Antwort knirschte er weiter. Ameisen krabbelten über seine Klammer, ein Regenwurm kroch in die Chipspackung. Durch den Staudamm hatte auch der Bach aufgehört zu fließen. Der Bach und ich, wir starrten ihn beide an.

»Ich muss jetzt essen gehen«, sagte er und setzte die klitschnasse Klammer in seinen Mund zurück. Es war ein Samstag. Ich wusste, was ihn zu Hause erwarten würde. Ich verstand. Hier am Bach, das war für ihn ein Festschmaus. Alles war besser als die Graupensuppe.

Mit zwölf bekam Detlef eine festsitzende Klammer und bald zog er weg. Lange hab ich nichts von ihm gehört. Irgendwann erzählte mir meine Mutter, sie hätte ihn am Schalter ihrer Bank getroffen. Seine Zähne waren krumm und schief. Sofort hatte ich zwei Geräusche im Ohr. Das Schlatzen der Klammer und das Knirschen der Chips.

»Was ist? Schmeckts net?«, fragte Gerer und riss mich aus meinen Erinnerungen.

»Nein, schmeckt prima, wenn mans mag und wenn ich damit armen Bankern helfen kann, schmeckts doppelt gut.« Und im Andenken an Detlef aß ich noch einen Karfiol-Zehner auf Zanderwangerln von Alfons Schubeck und hab damit die Finanzwelt im Alleingang gerettet.

Detlef 2

Ich trug einmal ein rotes T-Shirt. Ein Ball war darauf zu sehen, daneben in schwarzer Schrift: 1974 Champion. »Champignon« nannten mich die anderen auf dem Fußballplatz deshalb. Ich spielte in gelben Gummistiefeln, sinnvollerweise. In der niederrheinischen Tiefebene, in die ich hineingeboren wurde, regnet es zwischen Juni und dem darauffolgenden Mai regelmäßig. Nordseeklima ohne Strand und Wellen. Mein Nachbar hieß Detlef. Die Todesstrafe unter den Vornamen. Schon als »Dirk« will man nicht mehr leben, aber als »Detlef« kann man eigentlich nicht mehr weiterleben. Detlef konnte. »Champignon, Lust auf Abenteuer?«, fragte er mich. Ich war neun und Deutschland Fußballweltmeister. Es regnete. Gerd Müller hatte kurze, stämmige Beine und das Siegtor gegen die Holländer geschossen. Ich hoffte auch auf kurze, stämmige Beine, war aber bereits mit neun der Größte meiner Klasse. Detlef hatte eine Klammer im Mund und sabberte deshalb beim Sprechen. Ich nickte. Unsere niederrheinische Heimat troff um uns herum. Nieselregen. Wetter wie in Amsterdam, nur ohne Grachten. Das Wetter in Hamburg ist genauso beschissen wie in London, nur nicht so berühmt. Da wundert es nicht, dass die niederrheinische Tiefebene noch unbeobachteter vor sich hin tropft als die Pfeffersackstadt Hamburg.

Meine gelben Gummistiefel rochen nach alter Feuchtigkeit. Ich zog sie an und folgte Detlef nach draußen. Ich holte tief Luft. In der Wohnung seiner Eltern roch es nach alter Pansensuppe. War ich bei ihm zu Besuch, hielt ich die Luft an, solang es ging oder atmete durch den Mund. Auf der Straße schnürlte der Regen wie in Salzburg, nur ohne Mozart. An der Temperatur des Regens konnte man die Jahreszeiten bestimmen. Es war Sommer. Der Regen war warm und schwitzte. Achselnässe der Engel, sagte mein Vater. Deshalb trug ich auch im Hochsommer eine Mütze. Ich wollte nicht von oben mit Schweiß vollgetropft werden. Detlef hatte wie immer Chips dabei und als wir an der Anger, einem lächerlichen Bach, vorbeigingen, lief er zum »Strand« und fuhr mit zwei, drei Chips durch den Sand. Es knirschte abscheulich, als er die Sandchips kaute. Nahe der Anger war eine Gärtnerei. Hier hatte eine Gärtnerin mir erklärt, sie lebe von der Luft und von der Liebe. Ich glaubte ihr, dass das geht. Bis heute werde ich oft nicht satt. Zwischen Bach und Glashaus war eine Wiese mit Brennnesseln. Der Gärtner wälzte sich nackt darin, mehrmals am Tag. Das sei gut gegen Rheuma, sagte er. Er hatte kurze, stämmige Beine wie Gerd Müller. Ich vermutete, Brennnesseln wären gut gegen meine jetzt schon zu langen Beine, aber ich traute mich nicht. Detlef griff einmal mit beiden Händen in einen Brennnesselstrauch. Er schrie. Aber Detlef hatte kurze, dicke Finger. Trotzdem. Ich konnte mich nicht überwinden.

»Was für ein Abenteuer eigentlich?«, fragte ich endlich, nachdem wir fast schon bei der Kläranlage waren, die zwischen Wald und Autobahn lag. »Warts ab«, antwortete mein einziger gleichaltriger Nachbar. Ich hatte in unserer abgeschiedenen Gegend nur die Wahl zwischen alleine spielen und mit Detlef spielen. Er kletterte über den Zaun der Kläranlage, ich kletterte ihm nach. Vor uns lag ein großes Becken. »Alles Scheiße«, sagte er, nahm Anlauf und sprang hinein. Als er auftauchte, hatte er braune Klumpen im Haar. Er strahlte. »Komm auch, Champignon. Es ist nicht erfrischend, aber irgendwie … komisch«, rief er. Ich schüttelte den Kopf und beschloss in diesem Moment, fortan lieber alleine zu spielen, als mit Detlef.

Jahre später, ich lebte schon in Wien, erfuhr ich, dass er heute bei den Stadtwerken meiner Heimatstadt arbeitet. Das »Abenteuer« hat ihn wohl nachhaltig beeindruckt. Seinen Namen hat er auch geändert, man kanns ihm nicht verdenken. Er heißt jetzt Detlev. Mit V. Wie Victory.

Anno heute

Ich träume nicht oft. Wenn, dann sind es meist zwei wiederkehrende Träume. In dem einen werde ich, wieso auch immer, in einem zumeist kanadischen Wald ausgesetzt und muss in Windeseile, weil es bald schneit und wilde Tiere immer näher kommen, ohne Werkzeug eine Hütte bauen. Ich bin technisch schon im wachen Zustand eine Komplettniete, aber somnambul kann ich oft nicht mal einzelne Zweige gegen einen dicken Stamm lehnen. Inzwischen habe ich von mir wohlgesinnten Menschen mehrere anschauliche Hüttenbaubücher geschenkt bekommen, die neben meinem Bett liegen. Im Traum weiß ich mittlerweile, dass ich neben mir irgendwo Bauanleitungen habe, aber ich bin zu doof, kurz aufzuwachen und nachzuschlagen. Ich halte die Augen geschlossen und warte, dass ich irgendwann hüttenlos aufwache, bevor die wilden Tiere und der heftige, arktische Schneefall mir auf die Pelle rücken.

Der andere Traum ist mein Lieblingstraum. Ich gehe durch eine Wohnung mit immer neuen Räumen, Terrassen und Dachböden. Jeder Raum ist spannend und hinter jeder Türe wartet eine Überraschung. Eine Bekannte, die Carl Gustav Jung gelesen hat und mit traumwandlerischer Sicherheit Träume deuten kann, erklärte mir, dieser Traum weise darauf hin, dass ich zurzeit Einfälle und Fantasie habe.

Leider habe ich den Raumtraum schon länger nicht mehr gehabt. Den verzichtenswerten Hüttentraum dagegen in einer unregelmäßigen Regelmäßigkeit.

Jetzt kam ein neuer hinzu, der, wie ich hoffe, nicht vorhat, wiederzukehren. Und so geht der Traum: Eine junge Frau, Biologin, gekleidet wie eine Frau aus der griechischen Antike, sitzt neben mir in einem schummrigen Lokal auf der Lerchenfelder Straße in Wien, das »Anno« heißt, schaut mich freundlich an und sagt: »Frage: würden Sie lieber an einer Sepsis sterben oder von wilden Raubtieren gefressen werden? Sie dürften sich die Raubtiere aussuchen. Tiger, Löwe, Krokodil, Waran. Sepsis dauert länger, man siecht dahin«, hör ich sie sagen, »Genaues weiß man nicht, also vielleicht doch lieber der vermeintlich schnellere Tod durch Totgebissenundgerissenwerden?«

Sie spricht vielstimmig, wie ein griechischer Chor, was sie im Traum nicht weniger unheimlich macht. Sie hat mehrere Piercings, aber im Auge. Die Iris durchbohrt. Ein hübscher Freak, denk ich im Traum kurz.

»Sepsis heißt Hirnschädigung, Desorientiertheit, Unruhe, Delirium. Nierenversagen. Eine massive Infektion mit vielen aggressiven Erregern und deren Eindringen in strukturell schlecht geschützte Körperregionen wie Bauchhöhle, Gehirn und Lunge.«

Im Traum schlucke ich, fühle mich geschwächt und beschließe, nicht in die Körperweltenausstellung zu gehen, weil man mich vielleicht gleich dortbehalten würde.

Sie starrt mich an und aus ihr sprechen die Stimmen: »Der Körper entzündet sich. Der gesamte Körper schwillt an.«

»Gut, lieber Tiere. Dann werd ich vielleicht doch lieber aufgefressen«, sage ich, ratend, komplett verunsichert ob der Multiple Choice, die keine klassisch gute Wahl ist.

»Gut«, sagen sie oder spricht sie, ich weiß es nicht. Im Traum nicht und auch wach könnt ichs nicht sagen. »Dann also Tiere. Waran?«

»Ok«, sage ich und schwitze in mein Bierglas.

»Warane, Schuppenkriechtiere aus der Teilordnung der Schleichenartigen, bis zu drei Meter lang. Große Beutetiere werden totgeschüttelt oder gegen harte Gegenstände geschlagen.«

Ich schlucke.

»Die Beute wird üblicherweise mit dem Kopf voran und ganz verschluckt, manchmal, je nach Größe, aber auch mit den Vorderbeinen fixiert, um dann mit dem Kiefer einzelne Stücke aus ihr herauszureißen. Warane beißen kurz ins Bein, die Mundhöhlensekrete sind tödlich. Man stirbt langsam. Sie starren dich bis zu deinem Ende an. Sie warten seelenruhig und sind hässlich wie die Nacht.«

»Und wenn ich weglaufe«, frage ich naiv. »Mich in meine Hütte rette?«

»Welche Hütte?«, lacht sie und wedelt mit meinen Hüttenbauplanbüchern.

Ich werde wach und mein Nachttisch ist, dort wo die Hüttenbücher lagen, leer.

Häuptling Jochen

Indianer spielen als Kinder nicht Cowboy und Indianer. Indianer spielen als Kinder Wikinger.

Meine indianischen Freunde Max Trouble in Front, Woody No Ears und Milo Running Standing Hairs haben mir diese erstaunliche Information gegeben. Die drei gemütlichen Sioux kommen aus einem heruntergekommenen Reservat in Süd-Dakota und sind Spitzentypen. Ihr Reservat Pine Ridge sieht aus wie der Auswurf der Schöpfung. So trist, dass selbst hartgesottene Kerle beim Anblick losheulen müssen. Alle arbeitslos und alle Alkoholiker. Die meisten beides. Max, Woody und Milo hab ich in der No Name City kennengelernt, wo sie mit zwei verfeindeten Indianerstämmen aus Niederösterreich die Friedenspfeife rauchten. Sie tingeln seit Jahren mit ihrer federbehängten Holzpfeife von Hobbyindianerstamm zu Hobbyindianerstamm und für 1000 Euro begraben sie feierlich jedes Kriegsbeil. Nach der Zeremonie graben sie es sofort wieder aus, weil der nächste Konflikt schon wartet. Da die drei Lakota zu betrunken waren zum Autofahren, hab ich sie durchs kriegerische Indianerland Österreich gefahren, von Marterpfahl zu Marterpfahl. Ich hab sie alle besucht: den Buffalo Club Hallein, die Golden Eagles Leoben, den Vienna Western Club, die Waldviertler Träumer, die Irokesen Imst, Old Manitou Ybbs und Tashuunka Salzburg/Land, wo Häuptling Jochen meinen drei amerikanischen Ureinwohnern erst einmal erklärt hat, wo der Indianerbartel den Most holt. Jochen erläuterte ihnen die Bedeutung des Büffels für die Prärievölker, während Max Trouble in Front sich in Häuptling Jochens Tipi übergab. Woody No Ears, Milo Running Standing Hairs und ich mussten uns zwischen die beiden werfen, denn der Häuptling wurde wütend und brüllte in seinem Pongauer Dialekt wüste Beschimpfungen. Schließlich war es ein indianisches Originalzelt, gegen dessen Innenwand der Originalindianer gespieben hatte. Wir fuhren ab, ohne das Kriegsbeil zwischen den Komantschen aus Kufstein und den Apachen aus Kühtai begraben zu haben. Später lasen wir in der *Tiroler Tageszeitung*, dass drei der verfeindeten Tiroler Indianer mit Pfeilen im Bauch gefunden worden waren und mit abgeschnittenem Haar.

Häuptling Jochen war Musiklehrer aus St. Wolfgang. Sein dünnes, blondes Haar war zwar untypisch für einen Indigenen, aber er fühlte sich als Wiedergeburt von »Tatanka Iyotanka«, dem legendären Sitting Bull. Meine betrunkenen Lakota und ich mussten sehr lachen, wenn der schmalbrüstige Jochen zum Kriegstanz ansetzte und dabei seine randlose Brille verrutschte.

»Warum wollen die alle so gern Indianer sein?«, fragte ich einmal Milo Running Standing Hairs.

»Keine Ahnung. Ich würd sofort mit jedem von euch Bleichgesichtern tauschen«, antwortete Milo.

»Auch mit Häuptling Jochen?«, fragte Max Trouble in Front.

»Nein«, sagte Milo. »Dessen Tipi stinkt!«

Wir lachten und ich kaufte ihnen an der Tankstelle noch ein paar Flaschen Jägermeister.

»Und jetzt? Zu welchem Stamm fahren wir jetzt?«, erkundigte ich mich.

»Nach Hennersdorf. Zum Verein für kulturelle Inkompetenz!« Woody No Ears, der so hieß, weil einem seiner Vorfahren ein Bär seitlich in den Kopf gebissen hatte, gab mir die Broschüre vom Trommeltipi Hennersdorf. Der Verein für interkulturelle Kompetenz hatte ein tolles Programm im Trommeltipi im Angebot: »Schminken, Speckstein schnitzen, eine Kette basteln, ein Lied in Zeichensprache lernen und gemeinsam mit dem Indianer tanzen«. Für Kinder kostete es acht, für Erwachsene sechs Euro Eintritt.

Woody hatte den Job übers Internet bekommen. Zwölf Stunden lang mit Hennersdorfer Kindern tanzen für 250 Euro. Als wir ankamen und die Türen meines Wagens sich öffneten, wehte eine ordentliche Jägermeisterfahne zum Trommeltipi. Die Interkulturellen Kompetenzler waren schockiert.

»Noch nie einen betrunkenen Indianer gesehen oder was?«, lallte Max Trouble in Front. »Gib mal her«, blaffte er ein Kind an und nahm ihm die selbst gemachte Kette aus der Hand. »Was soll das sein? Eine Original-Indianerkette? Aus Plastik? Wo bitte wächst Plastik in Süd-Dakota, kannst du mir das mal sagen, oder einer von den anderen inkompetenten Schwachköpfen hier?« Ich sah es kommen. Er begann zu würgen und dann kotzte er gegen die Außenwand des Trommeltipis. Die Kinder weinten und ich verlor langsam die Lust an dieser Art von Tagesgestaltung. Ich brachte sie zurück zur No Name City. Das Letzte, was ich von ihnen hörte, war, dass sie im ORF bei *Die Große Chance* als A3-Doubles aufgetreten sind.

Indonesische Orgien

Komodowarangulasch gehört nicht zu meinen Lieblingsspeisen. Lustlos tauchte ich unter Aufbringung meiner gesamten Höflichkeitsreserven die Krabbenchips in die ätzende Masse, während ich auf die noch lebenden Sulawesi-Koboldmaki starrte, die der nächste Gang waren.

Ich hatte Batman Suparman in einer Bäckerei auf der Argentinierstraße kennengelernt, wo er eine »Vanillebrille« bestellte, ein mit Vanille gefülltes Blätterteiggebilde, das man sich auf die Nase setzen kann. Weil die Verkäuferin an Kinderlähmung litt (obwohl sie eine Greisin war) und sich in Superzeitlupe bewegte, kamen Batman und ich ins Gespräch. Er stellte sich mit seinem Namen vor und erklärte mir, er sei ein Singapurer mit javanischer Abstammung, sein Name sei in Indonesien so geläufig wie bei uns »Twtzsch« oder »Schmdrer«. Ich erklärte ihm, dass weder »Twtzsch« noch »Schmdrer« sehr geläufige Namen seien, aber da hatte er mir schon seine Adresse aufgeschrieben und mich zu einem indonesischen Abendessen eingeladen.

Viele Freunde beneideten mich, bei Batman Suparman eingeladen zu sein, als Gastgeschenk brachte ich seiner Frau ein Catwoman-Comic mit. Seine Frau hieß Diah Permata Megawati Setiawati Soekarnoputri. Sie war entfernt verwandt mit Wage Rudolf Soepratman, dem Komponisten der indonesischen Nationalhymne. »Rudolf ist bei uns ein sehr häufiger Name«, sagte ich, aber meine Gastgeber mussten sich um die wild kreischenden Koboldmaki kümmern. Die zehn Zentimeter großen Primaten steckten in einem großen Topf und glotzten mich mit ihren unverhältnismäßig großen Augen an. Ihr Kopf wackelte auf dem kurzen, sehr beweglichen Hals hektisch hin und her, was nicht verwunderlich war, angesichts ihrer Lage. Die riesigen unbehaarten Ohren vibrierten wie die Flügel eines Kolibris.

»Mögen Sie asiatisch essen?«, fragte mich Batman Suparman.

»Ja. Sehr gerne. Japanisch. Am Naschmarkt«, antwortete ich.

»Ach so. Sushi!« Er lachte. »Nein, bei uns gibt's echtes asiatisches Essen. Kein Maki wie beim Japaner, sondern unsere Maki. Trockennasenaffen. Wir machen ein Bubur Manado, einen Eintopf. Köstlich, köstlich!« Batman leckte sich mit der Zunge über die Lippen.
»Und woraus besteht der Eintopf?«, fragte ich vorsichtig.
»Hund, Katze, Fledermaus. Und Koboldmaki«, verriet Diah. Ich schluckte. Ich wollte die Krot schlucken. Man kann nicht ausländerfeindlichfeindlich sein und dann fremde Bräuche ablehnen, dachte ich mir. Wie kann ich gegen die FPÖ sein und dann hier versagen, wenns drauf ankommt? Nein, als aufgeklärter Mensch musste ich hier durch. Das Komodowarangulasch war als Hauptspeise mehr als mächtig und schmeckte bitter, wahrscheinlich weil Komodowarane fünf verschiedene tödliche Gifte absondern. Meine Fähigkeit, an dem nun folgenden Gespräch teilzunehmen, ließ rapide nach. Mein Kiefer schwoll an und das Sprachzentrum war gelähmt. Meine Gastgeber schienen gegen den Warangiftcocktail resistent. Während sie den quietschenden Sulawesi-Koboldmaki die Köpfe händisch abrissen, erzählten sie mir, dass sie in Indonesien zu viel Geld gekommen seien mit Orang-Utan-Puffs. »Die Orang Utans werden am Körper rasiert und sind sehr beliebt. Diah und ich haben wie die Affen verdient, hahaha!« Sein Lachen klang wie ein kurzer, trockener Keuchhusten. »Orang Utans sind nur ein Gen von uns Menschen entfernt«, sagte er mampfend, während er mir Willenlosem Löffel um Löffel vom Eintopf einflößte, der sich teilweise noch bewegte. »Deshalb sind sie so beliebt im Puff. Orang Utans erreichen die Intelligenz eines vierjährigen Kindes und haben ein Gedächtnis, das das menschliche weit übertrifft. Und sie sind im Bett fantastisch!« Seine Frau nickte eifrig und ich übergab mich auf den Korb mit den Vanillebrillen, die sie als Dessert vorbereitet hatten. Ich hatte den PC-Test nicht bestanden. Shame on me.

Bangkok

Manchmal bin ich so erschöpft, dass ich beim Zahnpastaauftragen auf die Zahnbürste mehrere Pausen einlegen muss. Das sind Tage, da seh ich so fertig aus, dass in der U-Bahn sogar Rollstuhlfahrer für mich aufstehen. Ich muss ja fast 400 Tage im Jahr auf irgendwelchen Bühnen stehen, weil ich eine Agentur habe, die mich zwingt, in jedem Bauernhof aufzutreten, der mehr als zwei Kühe im Stall stehen hat. Daneben muss ich irgendwie noch Fernsehsendungen und Radioshows moderieren und Bestseller schreiben und onanieren oder mir die Ohren putzen. Mit anderen Worten: Es ist ganz normal, dass mir beim Einchecken an Hotelrezeptionen die Kraft fehlt, meinen vollen Namen zu schreiben. »Stermann« und vor allem »Kettenbrückengasse« rauben mir die letzten Kraftreserven. Selbst »Wien« kommt mir in solchen Momenten sooo lang vor, dass ich regelmäßig aufstöhne. So schreib ich meistens statt »Wien« »Rum« und statt »Kettenbrückengasse« »Aug.« und statt »Stermann« »Wu«. Ich forme meine Augen zu Schlitzen, um der Rezeptionistin zu signalisieren, ich sei ein Austrochinese aus Rum in Tirol, der in der Augasse wohnt. Bei Beruf gebe ich »Abt« an. Etwas Kürzeres fällt mir nicht ein.

So stand ich vor wenigen Tagen in der Hansestadt Bremen in der Lobby eines Hotels, vor mir ein deutschstämmiger Musiker mit Wohnsitz in Bangkok und seine neuseeländische Frau. Beide waren Musiker und traten beim sinnlosen Bremer Stadtmusikanten Festival auf. Als Hahn und Katze wahrscheinlich. Ich stand da und wartete, bis sie endlich fertig würden mit dem Ausfüllen ihres Meldescheins. Ich sah auf die Uhr. Es war 11.30 Uhr. Um 11.55 Uhr füllten sie noch immer aus. Inzwischen war mir klar, dass sie beide als Esel beim Bremer Stadtmusikanten Festival auftreten würden. Zu dumm, um aus dem Bus zu winken? Zu blöd, Namen und Adresse hinzukritzeln?

»Mann, soll ich Ihnen helfen? Ich möchte bis Mitternacht hier fertig sein!«, rief ich ungehalten, riss dem Musiker den

Stift aus der Hand und einen frischen Meldeschein vom Block.

»Also«, rief ich genervt. »Name?«

»Ottovordemgentschenfelde. Bernd Ottovordemgentschenfelde.« Er hatte eine ganz angenehme, kratzige Stimme, wie die Synchronstimme von Robert de Niro.

»Bernd Otto Vordemgentschenfelde?«

»Nein«, sagte er, »Bernd ist mein Vorname. Ottovordemgentschenfelde ist mein Nachname.«

»Wow«, sagte ich, »ist ja ein irre langer Name!«

»Ja«, antwortete er. »Der längste Name Deutschlands. 24 Zeichen allein der Nachname. Meine Frau heißt Irihapeti. Das ist ein Maoriname.«

»Da hat sie es ja gut. Schön kurz«, sagte ich.

»Nein«, sagte er. »Sie heißt auch Ottovordemgentschenfelde. Irihapeti Ottovordemgentschenfelde.« Ich nickte verständnisvoll und schrieb ihrer beider Namen. »Geburtsort?«, fragte ich.

»Soll ich das nicht schreiben?« bot er an, aber ich schüttelte den Kopf.

»Nein, ich mach das schon. Geht schneller«, sagte ich. »Also? Wo ist sie geboren?«

»In Taumatawhakatangihangakoauauotamateaturipukakapikimaungahoronukupokaiwhenuakitanatahu. Das ist in Neuseeland. Ein langweiliger Hügel mit ein paar Häusern ist das. Übersetzt heißt das so viel wie: der Ort, an dem Tamatea, der Mann mit den großen Knien, den Berg hinabrutschte und seine Flöte für seine Geliebte spielte.«

Sie lächelte und gab ihm einen Kuss. »Ungefähr so ist die Bedeutung. Das ist der zweitlängste Ortsname der Welt. 85 Buchstaben.«

Ich starrte sie an.

»Länger ist nur noch die Adresse meines Mannes. Gehts noch? Also. Geboren wurde er in Wales. Auf der Insel Anglesey, im Nordwesten von Wales. Die Stadt heißt Llanfairpwllgwyngyllgogerychwyrndrobwlllantysiliogogogoch. Oft wird der

Ortsname einfach mit Llanfairpwllgwyngyll abgekürzt, aber in Hotels schreiben wir es immer aus. Na ja. Jetzt kommt das Anstrengendste. Wir wohnen in Thailand. Sie kennen unseren Wohnort als Bangkok. Aber wir schreiben immer den offiziellen Thai-Namen. Gehts?«, fragte sie.

Ich nickte mit starrem Blick.

»Also. Krung Thep Mahanakhon Amon Rattanakosin Mahinthara Ayuthaya Mahadilok Phop Noppharat Ratchathani Burirom Udomratchaniwet Mahasathan Amon Piman Awathan Sathit Sakkathattiya Witsanukam Prasit.

»169 Buchstaben!« Ich hatte mitgezählt. Schweiß tropfte aufs Formular. Meine Hand schmerzte.

»Ja, der längste Ortsname der Welt. Wollen Sie auch noch den Beruf für uns eintragen? Das wäre nett. Wir sind beide Musiker. Unsere Band heißt Paracoccidioidomicosisproctitissarcomucosis.«

»Lassen Sie mich raten. Der längste Bandname der Welt?«

Beide lachten und strahlten mich an. »Und Sie?«, fragten die zwei. »Sie müssen der Esel sein!«

Der Gehilfe mit der Gehhilfe

»Ich möchte niemals so alt werden, wie du aussiehst«, hatte ich einem Mitschüler gesagt, der in der Schule der Gesichtsälteste war. Michael war erst 16, hatte aber das Gesicht eines verkniffenen Greises. Große Opaohren, unheimlich geformt, wie Ohrenzeugen einer längst vergessenen Zeit, mit haarigem Strubbelgewächs, das aus ihnen wuchs, wie Spinnweben aus dem Hirn winkend, tattergreisig. Er ging gebeugt, als wir alle vor Potenz strotzten und einer aufrechter wie ein Hahn über den Schulhof stolzierte als der andere. Da kroch er bereits wie ein gerupftes Billighuhn vom Hofer lahmarschig an uns Jungen vorbei. Im Blick Grauen, Grünen, Blauen und Schwarzen Star, während wir grüne, blaue und schwarze Gürtel im Judo machten. Wir schulterten uns gegenseitig und er eine Last, die ihm überlegen war.

Er sah aus wie der neue alte Freund meiner Oma, die wieder solo war, nachdem mein Opa »in die Gletscherspalte gefallen war«, wie man in meiner Familie sagte. Damit meinte man, mein Opa sei emotional derart vergletschert gewesen, dass die Oma ihn irgendwann aus ihrem Leben geschmissen hatte.

Wenn man 16 ist und wie 160 aussieht, kommt man sexuell sehr schwer in die Gänge. Kaum eine Frau liebt einen alten Mann, noch dazu wenn er das Einkommen eines 16-Jährigen hat. Hugh Hefner hätte auch weniger Frauen in seiner Nähe, wär er zwölf und säh so aus, wie er aussieht. Nämlich wie etwas, das aus den Regalen zu nehmen vergessen wurde. Abgelaufen. Kaum jemand beißt herzhaft in schimmliges Brot, das mit ranziger Butter bestrichen ist.

Wer heute auf die Welt kommt, hat statistisch eine Lebenserwartung von um die 80, bald schon werden die Menschen im Schnitt 90 oder 100, es sei denn, die Gewalt in den U-Bahnen und S-Bahnen bekommt man nicht in den Griff. Das aber heißt, wir alle werden irgendwann so aussehen wie mein armer 16-jähriger Mitschüler. Mit nach vorn gewölbten Hängeschultern und verwachsenen Zehennägeln irren wir durch die Stadt und versuchen unsere Gehhilfe einzuholen. Mein vergletscherter Opa übrigens hat einen Gehilfen, der auch schon in die Jahre gekommen ist und sich auch eine Gehhilfe zugelegt hat. Der Gehilfe mit der Gehhilfe. Beide schauen aus wie die jüngeren Brüder meines damaligen Schulkollegen. Zusammen haben sie 20 aschfahle, durchsichtige Haare auf dem Kopf. In den Ohren mindestens 2000. Opa und sein Gehilfe mit der Gehhilfe haben knöchrige, von Gicht zerfressene Finger, die aussehen, als wären sie aus Wachs oder Holz sehr schlecht nachgebaut worden.

Vor Kurzem stand mein gefühlskalter Opa neben mir am Pissoir eines Lokals, blickte an sich hinunter und sagte: »Mein armer alter Herr Gesangsverein. Mann, hängt der verzweifelt da rum!« Und dann blickte er mich an und sagte: »Mann, du bist aber auch alt geworden. Weißt du, wie du aussiehst? Wie dieser Schulfreund von dir, der so alt aussah. So alt siehst du aus! Mann, siehst du alt aus!« Mein Opa lachte laut, schüttelte den Kopf und sein Gemächt und packte seine traurige Altersgurke wieder ein.

Meine Oma hatte recht. Mein Opa war wirklich in die Gletscherspalte gefallen. Ich kam auch aus dem Klo und da standen sie. Er, der Gehilfe mit der Gehhilfe, und Michael. Alle drei lachten und zeigten mit dem Finger auf mich. Ich hatte Michael mehr als 20 Jahre nicht mehr gesehen. Er war der Enkel des Gehilfen meines Opas. Er sah unverändert, aber noch älter aus. Ich nickte ihm zu. Er sah mich feindselig an. »Blödmann«, murmelte er, und: »Blöde Sau!« Offensichtlich hatte er nicht vergessen, wie gemein ich damals zu ihm gewesen war. Manche Leute merken sich so etwas ein Leben lang. Deshalb war es eh schon egal.

»Ich möchte niemals so alt werden, wie du aussiehst«, wiederholte ich meinen gemeinen Satz nach über 20 Jahren. Ich sah mir die drei Knallchargen vor mir an. »Du bist sogar hier der Gesichtsälteste!«, sagte ich, nahm meine Sporttasche und verließ das Lokal. Ich ging zum Judotraining und schulterte einen 16-Jährigen.

Mein Bett tropfte

Schweißgebadet wachte ich auf. Ich schwamm in meiner Angstsuppe. Albträume sind ein Albtraum für mich.

Es kann keinen Gott geben, wenn man solche Dinge träumt, dachte ich und trat noch vor dem Frühstück aus der Kirche aus. Ich gurgelte beim Zähneputzen ein letztes Mal mit Weihwasser, das ich aus Lourdes gemopst hatte und spuckte die Zahnpasta ins Taufbecken, das ich am Jordan geklaut hab, wo Jesus von Johannes dem Täufer so nass gemacht worden war, wie ich nach dem Aufwachen war. Angst is not a Weltanschauung, aber sie wirkt. Der Körper schwitzt, um die innere Hitze zu kühlen, das Herz beginnt zu rasen, der Körper glaubt, man wär im Fitnessstudio und stünde dort auf einem Toyota-Laufband und könnte nicht bremsen. Deshalb schüttet der Körper kübelweise Schweiß aus. Dabei lag ich nur in meinem Grüne-Erde-Bett aus atmungsaktivem Geox-Holz und schlief. Ganz dicht ist mein Körper auch nicht, bemerkte ich und zog mich an, damit ich meinen Körper nicht mehr sehen musste.

Ich hatte am Vorabend steirischen Käse gegessen und mich vorm Einschlafen mehrmals übergeben. Wenn ich mich richtig erinnere, etwa 45-mal. Aus meinen Ohren kamen leise Geräusche, wie das verzweifelte Schnarchen eines sterbenden Asthmatikers. Das machte mich müde und ich kuschelte mich unter meine Decke aus glücklichen, grünwählenden Hühnerfedern. Fair Trade, no na. Die Hühner kriegen pro Feder fünf Euro.

Ich erinnere mich, kurz bevor ich einschlief, sah ich ein Foto von Josef Pröll, der neben Nina Proll stand, vielleicht war es auch umgekehrt. Ich schloss die Augen mithilfe eines Augenschließers, den ich am Naschmarkt günstig von illegalen Inländern gekauft hatte. Der Käse gärte in mir, die Bakterienkulturen verbreiteten sich in meinem Körper wie Schlamm. Mir war schnell klar: Diese Nacht wird unangenehm wie ein Zungenkuss mit Baumeister Lugner. Wegen dieser Erkenntnis wahrscheinlich träumte ich, ich säße kerzengerade vorm

Fernseher und sähe das längst abgedrehte *Chili*, was wir im ORF intern vom Sendestart an nur *Mitten im Vierten* nannten. Zwei nicht unbekannte ORF-Größen wurden an den Nasenhaaren zusammengebunden und ich dachte noch: hübsche Idee.

Dann aber zwang mich Jan Demner von Demner&Merlicek, Werbetexter zu werden. Ihm hatte nämlich, im Traum, mein Slogan: »Toyota – nichts ist unmöglich, außer Bremsen« so gut gefallen. Für den neuen Werbekunden, ein Jesuiteninternat in Deutschland, sollte ich von Direct Mailing bis Corporate Design alles checken. »Das pfeift«, sagte Demner, als er meinen ersten Werbespruch las. »Je Suiter, desto geiler! School of Lust!« Die Padres wollten mir als Dankeschön ein Wellness-Wochenende zusammen mit ihnen in einer katholischen Herrensauna schenken und obwohl ich ablehnte, sah ich mich im Traum auf einer Geox-Holzbank sitzen, neben nackten Jesuiten. Vielleicht, fantasierte ich im Traum, wussten sie, dass ich das Taufbecken ihres Chefs geklaut hatte und jetzt müsste ich mich nach der Seife bücken und werde anschließend in der Sauna zurückgelassen. Sie sperren ab und drehen die Temperatur auf »Fegefeuer« hoch. Mir fiel im Traum ein, dass es Wissenschaftlern gelungen war, in einem amerikanischen Teilchenbeschleuniger die höchste Temperatur zu erzeugen, die es jemals gab. Vier Billionen Grad Celsius, 250 000 mal heißer als im Zentrum der Sonne. Plötzlich begannen die Jesuiten englisch zu sprechen. Ich schnappte auf: »We will send him across the Jordan.« Sie hatten furchtbaren Mundgeruch und Jan Demner erschien in der Saunatür, schick gekleidet und sagte: »Stermann, können Sie Mundgeruch verkulten? Schaffen Sie es, eine Kampagne zu entwerfen, sodass jeder Mensch auf diesem Scheiß-Planeten gerne Mundgeruch haben will?« Ich schüttelte den Kopf und er lächelte und schloss die Saunatür. Bis zu drei Millionen Grad Celsius hielt ich mich ganz gut, dann begann ich zu schreien und wachte davon auf. Und lag in einem »Night Meer of Angst«.

Meine Familie

Anlässlich meines neuen Kabarettprogrammes »Stermann« werden die Stimmen lauter, die mich wie Karel Gott bei Biene Maja umsäuseln mit der immer gleichen Aufforderung: »Stermann, erzähle uns von dir!«

Also gut. Viel weiß ich nicht.

Mein Großvater Herrmann Stermann war bis zu seinem Tod Trucker. Er war fast 90 und ist noch mit hochgefährlicher und explosiver Ladung durch Europa gebrettert. Er hat den Fahrtenschreiber manipuliert, so musste er nicht die vorgeschriebenen Pausen machen. Aber irgendwann fing es an, dass er ständig aufs Klo musste. Er ist dann zum Urologen gegangen.

Im Ultraschall hat man riesige Blasensteine gefunden. Richtige Blasenbrocken, die man mit einem Presslufthammer hätte zerstören müssen, aber versuchen Sie das mal im Genitalbereich. Jedenfalls wurde es nicht deutlich besser nach der OP. Für meinen Großvater hieß das, dass er die Währung gewechselt hat. Er ist von Euro auf die Toilettenvoucher von den deutschen Autobahnklos Sanifair umgestiegen. Klogutscheine. 70 Cent kostet ein Voucher, dafür darf man einmal pinkeln und sich dann für 50 Cent was in der Raststätte kaufen. Als mein Großvater starb, haben wir Toilettenvoucher im Wert von 25 000 Euro zwischen seinen Windeln gefunden.

Ich selber war ein Kaiserschnitt. Ich wurde während eines Fußballspiels geboren. Pokalfinale FC Bayern München – MSV Duisburg. Es wurde live im Fernsehen gezeigt und meine Mutter bestand darauf, dass ein Fernseher in den Kreißsaal gestellt wurde. Sie liebte Franz Beckenbauer, weil der so elegant spielte. Immer mit dem Außenrist, immer mit Effet. Sie nannte das den »Kaiserschnitt«. Das Spiel stand auf des Messers Schneide. Meine Mutter fieberte mit. Und dann, in der 87. Minute des Spiels, kam ich. Meine Mutter versuchte noch, mich wieder zurückzudrücken, aber die Ärzte hatten mich schon gesehen. Sie ist noch heute sehr sauer auf mich, weil sie die letzten drei Minuten des Spiels versäumt hat wegen mir. Ich bin seit damals MSV Duisburg-Fan. Duisburg-Fan zu sein, das ist so, als wär man der optimistische Vater eines adipösen Kindes beim Schulsportfest.

Meine Mutter ist eine tief religiöse Frau. Fußballfan und erzkatholisch. Sie sagte einmal mit Tränen in den Augen: Dirk, wie furchtbar, denk dir nur, Jesus ist an einem Freitag gestorben. Ja, Mama, an einem Karfreitag sogar, sagte ich. Und was heißt das, fragte mich meine Mutter? Das heißt ja, er konnte Samstags die *Sportschau* gar nicht schauen! Ich tröste sie dann: Mama, hör auf zu weinen. Er ist doch montags wieder auferstanden, dann konnte er sich immerhin noch den *Kicker* kaufen und alles nachlesen! Wie denn, schrie sie mich dann an. Am Ostermontag ist Feiertag, da erscheint der *Kicker* nicht!

Meine Mutter war auch Psychotherapeutin. Beckenbauer- und Freud-Fan. Jeden Morgen musste ich beichten, was ich geträumt hatte. Wenn ich von Bleistiften oder Zucchinis geträumt hatte, galt das als verdächtig. Unterleib und Unterbewusstsein, das war ihr Ding. Also eigentlich war mein Ding ihr Ding. »Das männliche Glied findet symbolisch Ersatz durch Dinge, die ihm in der Form ähnlich sind.« Diesen Freudsatz hat sie verinnerlicht. Sie hat in allem ein Phallussymbol gesehen. In meinem Wick Nasenspray, dem Handstaubsauger, und je älter mein Vater wurde, sogar im Waschlappen.

Mein Vater hat sie oft betrogen, vielleicht deshalb. Der war in der SPD, aber im Grunde kein Sozialdemokrat, sondern eher ein Sexualdemokrat, der hat mit jeder Genossin geschlafen. Orgasmus mit menschlichem Antlitz, das war seine Vision.

Mein Bruder lebt in Mexico City.

Dort sind die Gehsteige sehr verdreckt, deshalb gibt es jetzt eine Anordnung der Stadtverwaltung: Man darf Kaugummis nicht mehr auf die Straße spucken, sondern muss sie runterschlucken. Liebe Wiener Hundebesitzer, das wäre doch auch was für unsere Städte!

Man könnte aber natürlich auch Blinde nehmen, um die Stadt sauber zu halten. Man spitzt deren Blindenstöcke einfach nur an und auf den Straßen ist weniger Müll. Im Blindenheim macht dann irgendein Zivi einfach den Müll vom Stecken ab. So kann man Blinde prima in die Gesellschaft integrieren.

Für Blinde gibt es eigene Blindenhunde. Für Sehende gibt es aber nichts besonderes, hundemäßig. Am ehesten Seehunde. Aber die haben mit meiner Familie beim besten Willen nichts zu tun.

Mein Tagebuch

Privateste Aufzeichnungen von mir sind aufgetaucht. Ich war am Naschmarkt-Flohmarkt und ein goldbezahnter Rumäne, der beide Beine nachzog, bot mir neben kopflosen Plastikpuppen und Hitler-Devotionalien von irgendwelchen Siebenbürgern ein schmales Notizheft an, das mir sehr bekannt vorkam. »Stermanns Tagebuch« hatte jemand auf den Umschlag geschrieben. Mit exakt meiner Handschrift. Das war sehr unheimlich. Ich habe nämlich noch nie ein Tagebuch besessen. Mein Herz schlug schneller und der Rumäne sah mir an, dass sein Geldbeutel sich gleich prall füllen würde und natürlich hab ich Mr. Goldtooth das merkwürdige Heft völlig überteuert abgekauft. Fast 2000 Euro hat mich das dünne Heft gekostet. Aber wie geizig soll man zu sich selbst sein? Ich war sehr gespannt. Ich bin ehrlich: Irgendwie war ich enttäuscht. Ich hatte gehofft, mehr über mich selbst zu erfahren.

München, 24. 9. 2011
Immer wenn ich im Hotelzimmer bin, denk ich mir: Wow, ein Blick in die Minibar ist wie ein Blick in die Zukunft. Man kann sehen, wie viel ein Bier kosten wird im Jahr 2020!

Hier endet das Tagebuch. Es folgen noch zwei misslungene Zeichnungen von einem Kakadu. Und ein ebenfalls misslungener Versuch von der Kinderzeichenübung »Das-ist-das-Haus-vom-Nikolaus-und-nebenan-vom-Weihnachtsmann«. Das wars. Unergiebig, was? Hab ich mir auch gedacht. Von »Stermanns Tagebuch« hatte ich mir mehr erwartet. Ich habs am nächsten Samstag zum Flohmarkt zurückgebracht und getauscht gegen eine kopflose Plastikpuppe. Und die hat mehr mit mir zu tun als jedes Stermann-Tagebuch.

Comprachicos

»Wieviele intelligente Volksmusiker passen in eine Telefonzelle? Alle.«

Der Komiker aus Kärnten schlug sich auf die Klagenfurter Schenkel und war zufrieden. Viele positive Reaktionen hatte er bislang noch nicht vom Publikum bekommen, aber mein Nachbar strahlte übers ganze Gesicht. »Der Applaus ist das Brot des Künstlers«, rief der Kärntner.

»Dann werden Sie verhungern«, sagte mein Sitznachbar breit grinsend.

»Jetzt klatschen Sie schon«, bat der Kärntner. »Sie lachen doch, also hats Ihnen gefallen!«

»Nein«, blieb mein Nachbar stur.

»Jetzt klatsch schon, du Arschloch. Bliarz, deixl eini!«

»Nein. Der Witz war uralt und beschissen!«

Der Kärntner begann zu schäumen. »Du Togga! Kochl, ochter! Du Nauga, kriagst glei a Tochtl!« Er holte aus, um meinem Nachbar eine Ohrfeige zu verpassen, aber der stand blitzschnell auf und rammte dem Komiker sein Knie in den Bauch. Der Komiker sackte in sich zusammen und die Grinsekatze verließ den Raum. Ich war beeindruckt. Noch nie zuvor hatte ich jemanden so grinsen sehen und noch nie zuvor hatte ich so viele Kärntner Schimpfwörter gehört. Außerdem gefiel mir der Witz. Ich folgte meinem Sitznachbarn und wurde zu seinem Gehnachbarn.

»Hat Ihnen wohl wirklich nicht gefallen, der Witz«, sagte ich eher rhetorisch, um mit ihm ins Gespräch zu kommen. »Naja, Humor ist Geschmackssache, was?«

Er schaute mich an und hob sein Knie, als wär ich der Nächste. Mit ihm schien nicht gut Kirschen essen.

»Na ja, ich versteh den Komiker. Ich mein, ich saß ja neben Ihnen und Sie haben ja wirklich gegrinst. Sie grinsen ja immer noch. Da muss man ja wohl den Eindruck kriegen, dass Ihnen der Witz …«

»Nein!« Er unterbrach mich schroff. »Der Witz hat mir nicht gefallen. Gar nicht. Und ich grinse auch nicht. Ich bin einer der lachenden Männer. Menschen, denen man als Kind den Mund bis zu den Ohren aufgeschnitten hat.«

Ich war überrascht. »Lachende Männer? Wer sollte denn Kindermünder aufschneiden?«

»Comprachicos«, sagte er angewidert. »Ein mysteriöser spanischer Geheimbund. Sie entführen in ganz Europa Kinder seit dem Mittelalter und verwandeln die Kinder mithilfe ausgeklügelter Chirurgie in Freaks. Früher wurden die Kinder dann an die europäischen Höfe verkauft, heute an irgendwelche gelangweilten Reichen. Ich bin mit 18 als lachender Mann an einen reichen Volksmusiker verkauft worden. Deshalb kann ich über Volksmusikwitze nicht lachen.«

»Versteh ich«, sagte ich, ohne das Ganze zu verstehen. »Das klingt ja nicht schön und ganz schön schmerzhaft. Den Mund aufschneiden, na ja, nicht gerade die feine englische Art.«

»Kommt drauf an, womit mans vergleicht«, sagte er plötzlich vergnügt. »Ich habs eigentlich noch ganz gut erwischt im Vergleich zu den Topfkindern aus China. Die Chinesen stecken Neugeborene in niedere, runde, seltsam gebauchte Töpfe. Die wachsweichen Glieder der Babys dehnen sich und breiten sich aus in diesem Raum, der ihnen gelassen ist. Ist das Wesen dann acht oder zehn Jahre alt, dann zerschlägt man diesen Topf und eine unbeschreibliche, vasenförmige, krummbeinige, gestaltlose Masse ist da. Eine lebende Masse. Ein Bonsaimensch.«

Der Kärntner kam angerannt. »Wie finden Sie den? In meiner Wohnung ist es so kalt, ich verwende statt Deo Frostschutzmittel!«

Das Knie befand sich schon nach dem Wort Deo in des Komikers Bauch. Das »Frostschutzmittel« war geröchelt. Der lachende Mann schüttelte den Kopf und ging. Ich blieb stehen und half dem stöhnenden Kärntner auf. »Spinnt der?«, röchelte der Klagenfurter.

»Nein. Aber er hat nicht viel zu lachen«, sagte ich.

Traurige Menschen in Musikvideos

Wir feiern dieser Tage ein großes Jubiläum: vor ungefähr fünf oder 25 Jahren lief das erste Musikvideo im Fernsehen. Noch ohne Ton und sehr verwackelt und unscharf. Das Motiv des allerersten Musikvideos der Welt war damals ein Wurstbrot, das einfach nur auf einem Teller lag. Vier Minuten lang. Dann war das Video aus. Später folgten Musikvideos mit Käsebroten, bis man dann drei Jahre später ein ausgestopftes Kätzchen in einem Clip sah. Erst seit ein paar Jahren ist es für uns ganz normal, auch Menschen in Videos zu sehen. So zum Beispiel die 19-jährige Feinstauballergikerin Manuela. Eigentlich arbeitet sie als Souvenirverkäuferin in Kaiserslautern, einer sowohl zufälligen als auch grundlosen Stadt in der Pfalz. Sie steht dort am Kaiserslauterner Wahrzeichen, einem ausgebrannten Panzer aus dem Zweiten Weltkrieg. Der Panzer steht am Stadtrand und sie hat dort einen kleinen, klapprigen Stand, an dem sie Postkarten und Anhänger mit Panzermotiv verkauft. Manuela spielt in ihrer Freizeit »Dunkel-Darts«, also Darts in völliger Dunkelheit. Das sieht man ihr auch an. Sie ist Kaiserslauterner Dunkel-Darts-Jugendmeisterin. Die Gallagher-Brüder von Oasis sind auch begeisterte Dunkeldarter. So haben sie Manuela kennengelernt und sie kurz vor der Auflösung von Oasis für ihr Video *Stop crying your heart out* engagiert. Als Gegenleistung und Gage haben sie ihr sieben Postkarten und vier Anhänger mit Panzermotiv abgekauft. Dafür allerdings musste die Feinstauballergikerin stundenlang auf der Hauptverkehrsstraße von Kaiserslautern laufen. Komplette Gedankenlosigkeit führte in diesem Video Regie. Manuela selber konnte aufgrund ihrer Allergie nicht protestieren, weil ihre Stimmbänder bei Feinstaub dick wie Ofenrohre werden. Am Tag des Drehs war Ozonalarm in der gesamten Pfalz, und in Kaiserslautern Feinstaubwarnstufe dunkelrot. Das heißt: Fabriken mussten zusperren, Autos durften nicht fahren und nicht einmal parken. Man durfte das Haus nicht verlassen, es herrschte wirklich dicke Luft. Mehr Schadstoffe in der Luft als im Rußfilter eines chinesischen Kohlekraftwerks und mittendrin Manuela.

Schämt euch, ihr Gallaghers. Aber so sind sie, die Popstars. Trotz Internet und illegalen Downsyndromloads verdienen Popstars pro Nase durchschnittlich 100000 Dollar in der Stunde. Dank moderner plastischer Chirurgie haben Popstars aber bis zu 15 Nasen. Kurz, sie sind sehr reich. Das durchschnittliche Haus eines Hip-Hoppers hat 70 Badezimmer, von denen jedes ein Extra-Badezimmer hat. Würde man alle Goldketten von 50 Cent zum Beispiel aneinanderlegen, würde diese Kette die ganze Erde umwickeln können. Ihm gehören Gebirge, Flüsse und große Teile des Pazifischen Ozeans. (Ein windiger Makler hatte ihm den Pazifik als Bauland verkauft. Der Makler wurde totgehauen, obwohl es 50 Cent eigentlich egal war!) Ja, man kann sagen, dass es 50 Cent geschafft hat. Er hat 2000 Autos, 4000 Yachten, zwei Fahrräder und teilt sich mit Snoop Doggy Dog einen iPod. Er hat alles, was er will. Die beiden zehnjährigen Freunde Ralf und Klaus dagegen haben nichts, außer ein paar Karieslöchern. So ungerecht ist das Leben. Ralf und Klaus sind zu Recht Kinderkommunisten und sparen seit ihrer Geburt auf ein Karl-Marx-Poster. So sind sie als Statisten ins Video *Window Shopper* von 50 Cent geraten. Mit dem Geld, das sie beim Dreh verdient haben, haben sie sich das Marxposter geleast. Für einen Kauf reichte die Gage nicht. 50 Cent ist geizig. Daher sein Name, der sich auf die Gage für seine Mitarbeiter bezieht. Während der Popstar bei den Dreharbeiten seine Austern mit Kaviar fütterte, ernährten sich alle anderen von den Ausdünstungen eines Würstelstandes.

Das alles ist ein paar Jahre her. Heute sind Manuela, Ralf und Klaus aktive *Piraten* und setzen sich für illegales Downsyndromloaden von Popmusik ein. Politisch eint die Feinstauballergikerin und die Kinderkommunisten ihr Hass auf Popstars. Dass die Affen von Oasis sich getrennt haben, war ein erster, früher Erfolg der Piraten. Wofür Piraten stehen, weiß ich persönlich noch immer nicht, aber wogegen sie sind, das dürfte jetzt klar sein.

Die lange Nacht des Schlafs

Wien hat die längste Liste langer Nächte. Die lange Nacht der Kirchen, die lange Nacht der Museen, die lange Nacht der Wiener Stadtwerke, die lange Nacht der Moscheen, die lange Nacht der Forschung, die lange Nacht der Schmuckkunst, die lange Nacht der Wiener Sozialwirtschaft, die lange Nacht der Pflege, des Kabaretts, des Rock'n'Roll, der Roboter, der Immobilien, der Anarchie, der Wohnungslosen, der physikalischen Medizin, der aufgeschobenen Hausarbeiten und schließlich: die lange Nacht der Kolumnisten, also meine. Es ist drei Uhr nachts. Ich bin im Wien der langen Nächte und träume von der langen Nacht des Schlafs. Aber träum ich von Wien in der langen Nacht, bin ich um den Schlaf gebracht.

In der langen Nacht der aufgeschobenen Hausarbeiten war ich einmal in einer Gemeindewohnung im 14. Wiener Gemeindebezirk, gleich beim Hütteldorfer Spitz. Kurz nach Mitternacht – ich hatte wie so oft noch immer kein Thema für meine Kolumne – läutete ich an der Tür der Familie Wutz. Rosa Wutz öffnete mir. Sie trug ein Namensschild, auf dem das Logo der »Langen Nacht der aufgeschobenen Hausarbeiten« zu sehen war, eine Spüle, auf der sich meterhoch Geschirr türmte. »Lange Nacht der aufgeschobenen Hausarbeiten?«, fragte sie. Sie trug ein Männerunterhemd.

»Ja, ich bin Kolumnist«, antwortete ich.

»Ich weiß, ich war bei Ihnen in der langen Nacht der Kolumnisten. Da saßen sie unfassbar öd am Schreibtisch und ihnen ist nichts eingefallen!« Sie schloss die Tür hinter mir und wir stiegen über Plastiksackerln, Mist, Gewand, tote Tiere und Altpapier. »Das hat uns nicht gut gefallen«, sagte Rosa Wutz. Ein Hund, so nahm ich an, hatte ins Vorzimmer geschissen, aber als ich Marcel Wutz sah, war ich mir nicht mehr sicher. Außerdem sah ich nirgendwo einen Hund. Marco Wutz saß zwischen Altwaren, Wurst und wütenden Kanarienvögeln in der Mauser mit angeschissenen Unterhosen auf einer Art Sessel. »Mein Mann«, erklärte Rosa und warf mit einem

Regenschirm nach ihm. Er duckte sich nicht und reagierte auch nicht, als ihm die Spitze des Schirms ins Aug stach.

»Und? Gfallts Ihnen? Die lange Nacht der aufgeschobenen Hausarbeiten?« Rosa warf einen Topf mit verkohlten Nudeln vom Fernseher auf den Boden. Die Nudeln bewegten sich, es war also vielleicht doch etwas anderes.

»Auch nicht so gut«, antwortete ich wahrheitsgemäß und ergänzte: »Müde bin ich!«

»Wir auch«, seufzte Rosa Wutz, schnäuzte sich und warf das Taschentuch auf einen Taschentuchberg, der an die, zugebenermaßen, niedrige Decke reichte. »Marcel und ich haben uns bei der langen Nacht der Wiener Stadtwerke kennengelernt. Das war auch unfassbar öd. Da musste man in einem Heizkraftwerk auf einen Schaltkasten starren und Rohre anschauen. Ich dachte, ich muss sterben«, sagte die halstätowierte Frau Wutz. Ich versuchte zu erkennen, was sie sich auf den Hals hatte stechen lassen. Es war das Logo der langen Nacht der aufgeschobenen Hausarbeiten.

»Ja, das klingt sehr langweilig«, sagte ich. »Ich war mal bei der langen Nacht der Schmuckkunst.«

»Sagen Sie nichts, wir waren auch da!« Rosa Wutz warf ein Senfgurkenglas um. Die Senfgurkenflüssigkeit floss auf den Taschentuchberg. »Das war fast so schlimm wie der Besuch bei Ihnen. Fällt Ihnen immer noch nichts ein?«

»Nein. Meistens nicht. Ich bin meistens zu müde.«

»Kenn ich. Von diesen ganzen langen Nächten wird man verrückt. Ich komm auch zu nichts. Mein Mann schaffts oft nicht mal mehr bis aufs Klo.«

»Darf ich das schreiben?«, fragte ich.

»Mir egal«, sagte sie und schmiss mit einer Vase nach Marcel Wutz. Dem schiens auch wurscht zu sein. Er schaute nicht einmal auf, obwohl die Vase ihm laut vernehmlich die Nase brach.

Biersexuell

Die Füchschen Brauerei in Düsseldorf braut Altbier. Auf den »Lasterwagen« sieht man eine gemalte Füchsin in Dessous, an einer Stange tanzend. Sie trägt eine rote Perücke und ein Halsband. Daneben der Werbespruch: »Kann ein Fuchs denn Sünde sein?« Auf einem anderen »Lasterwagen« ist ein Transenfuchs zu sehen, so eine Art Conchita Bierwurst. »Jedem Bierchen sein Pläsierchen« ist zu lesen und »Biersexuell«.

Als ich 18 war, saß ich in dem Düsseldorfer Gastgarten »Burghof« und trank *Füchschen Alt*. Mir gegenüber saß »Bubu Messer mit dem Gatz« und trank ein Gatzweiler Alt. Wir unterhielten uns über meinen Freund Ravindranath, der am liebsten Schlösser Alt, aber auch manchmal Hannen Alt trank, was Bubu Messer mit dem Gatz zu einem »könnt ich kaputt machen« veranlasste. Bubu hasste Hannen Alt, weil es nicht in Düsseldorf, sondern im auf der anderen, der falschen Rheinseite liegenden Mönchengladbach gebraut wird. Bubu war Düsseldorfer Patriot. Alles andere als Düsseldorfer »könnt ich kaputt machen«. Bubu hatte ich kennengelernt, als ich in meinem Stammlokal bei der einzigen Kellnerin zahlen wollte. Das »Bagel« war ein Unterweltlokal und ich war fasziniert, weil an jedem Tisch »über 200 Jahre Gefängnis« saßen, wie mir Nina, die Kellnerin, einmal erzählt hatte. Bubu war einer von denen. Er war lange Türsteher gewesen und dann, nach einer Messerstecherei, hatte er drei Jahre bekommen. Leider hatte er nicht im Düsseldorfer Knast auf der Ulmer Höh seine Strafe absitzen dürfen, sondern in Neuss, auf der anderen Rheinseite, der falschen. »Hätt ich alle kaputt machen wollen«, sagte er mir später und ich erfuhr, dass er das auch gemacht hatte. Den Neusser Knast hatte er »kaputt gemacht« und dafür drei Zusatzjahre bekommen. »Das wars ihm wert«, hatte Nina mir gesagt. Bubu war weit über zwei Meter groß und hatte die geföhntesten blond gefärbten Haare, die ich jemals gesehen habe und ein Kreuz, breit wie ein Laster.

An dem Tag, als ich Bekanntschaft mit Bubu schloss, war ich mit Ravindranath und Nshimirimana im Bagel. Ravindranath hatte reichlich Schlösser Alt getrunken, ich sah zwölf Striche auf seinem Bierdeckel und Nshimirimana, dessen Vater aus Burundi kam, wo »die Araber alles ficken, was sich bewegt, auch Frösche!« – »Glaub ich nicht, Nshimi!« – »Stimmt aber, Dirk!«, hatte auch fast ein Dutzend Frankenheim Alt getrunken. Ich selber hatte ein gefühltes halbes Fässchen *Füchschen* geleert. »Zahlen, Nina!« rief ich, schwerzungig. Nina stand hinter der Bar, neben ihr, auch hinter dem Tresen, die geföhnte Urgewalt. Schwarze Lederjacke, Kragen aufgestellt. »Hier wird gezahlt, wenn ich das sag«, brüllte Bubu. Und: »Sonst fress ich euch!«

Ich hatte mich fröhlich und gefahrverachtend getrunken und rief ein grenzdebiles »Uns alle?« zurück. Schon flog ich durchs Lokal. Über mehrere Tische segelte ich. Stühle fielen, Tische krachten, Gläser klirrten. Ravi und Nshimi, meine migrantischen Memmenfreunde, ergriffen die Flucht und Bubu spielte mit mir eine Art Squash. Ich knallte gegen Wände, ich fühlte mich wie ein kaputtes Flugzeug in einem Pazifiksturm. Ich wurde durchgeschüttelt, als drehten wir einen Bud-Spencer-Film. Nur dass der Film echt war, in dem ich den zu verprügelnden Trottel gab. Schließlich schritt Nina ein, er ließ mich fallen, ich kroch ins Freie. Vor dem Bagel war zwischen Straße und Gehsteig eine schmiedeeiserne Kette zwischen schmiedeeisernen Böllern angebracht. Auf den Böllern saßen Ravi und Nshimi. »Wie siehst du denn aus?«, fragte Ravi, der aussah wie Mogli im Suff. Sein Vater kam aus Südindien.

»Weiß nicht«, antwortete ich. Alles tat mir weh. Ich setzte mich auf die Kette zwischen sie. Nshimi begann, mit der Kette hin und her zu pendeln. Zwischen meinen Beinen rieb die Kette an meinem noch jungen Gemächt. 17 war ich damals. »Willst du mir einen runterholen?«, blaffte ich Nshimi an. Genau in dem Moment, als Bubu auf die Straße trat. »Wer will mir hier einen runterholen?«, schrie er und ließ ein Ohrfeigengewitter auf uns nieder, das seinesgleichen in der

Geschichte der Ohrfeigengewitter sucht. Endlich kam Nina aus dem Bagel, sagte: »Reicht jetzt. Die wohnen alle hier, auf der richtigen Seite. Kein Grund, sie kaputtzumachen, Bubu.« Er nickte und fuhr sich mit der Pranke durchs Föhnhaar. So hatte ich Bubu kennengelernt. Ich 17, er 45. Ich ein Jahr vorm Abitur, er seit zwei Monaten aus dem Knast. In der nächsten Zeit mied ich das Bagel. Als mein Körper Wochen später fast abgeschwollen war, traf ich ihn zufällig im Düsseldorfer Hofgarten. »Hey, du«, sagte er. »Bist du einer von uns?« Ich wurde beinahe ohnmächtig. Was für eine Frage! In meinem Kopf rotierte es, mehr als Monate später während meiner mündlichen Physikabiturprüfung über Kernenergie.

Ich hatte Todesangst. »Ja«, wäre gelogen und »Nein« klang distanziert. Schließlich sagte ich: »Ich wär gern einer von euch!«

Er nickte wortlos. »Lust auf ein Gatz?«, fragte er mich. Offensichtlich hatte ich die richtige Antwort gefunden. Zitternd nickte ich.

»Ins Bagel!«, bestimmte er. Wir gingen zur Ratinger Straße. Nina lächelte, als sie uns zusammen hineinkommen sah. In den folgenden Jahren lernte ich Bubu Messer mit dem Gatz immer besser kennen. Er trieb Geld ein fürs Milieu und hehlte mit gestohlenen Vespas. Er stahl auch meine Vespa, aber nach Absprache mit mir. Meine Vespa 50cc war kaputt. Bubu »klaute« sie mir während einer Sportstunde, warf sie in ein Baggerloch, ich meldete sie als gestohlen und bekam von der Versicherung so viel Geld, dass ich mir eine deutlich bessere Vespa kaufen konnte. Jetzt waren wir Freunde. Wenn er etwas »kaputt machen« wollte, versuchte ich ihn zu beruhigen, was manchmal gelang. Er hatte mir gesagt, dass er nicht noch einmal ins Gefängnis gehen würde. Insgesamt 22 Jahre hatte er abgesessen, schon als Jugendlicher.

Als wir zusammen im »Burghof« saßen, auf den Rhein blickten, Gatz tranken und über Ravindranath sprachen und er »Hannen Alt könnt ich kaputt machen!« sagte, tippte mir jemand von hinten auf die Schulter. Bubu griff sich den

Mann blitzschnell und warf ihn zu Boden. Es ging alles sehr schnell.

»Ich bin Creative Director bei Doyle Dane Bernbach«, röchelte der Mann, der einen Seelöwenbart hatte. Sein Bart und Bubus geföhntes Haar vermischten sich zu einer wilden Kreation. »Hier in Düsseldorf!« Die Erwähnung seines Heimatortes beruhigte Bubu. Er ließ von dem Mann ab, der um die 50 war. »Ich hab euch zugehört. Interessant. Ich brauch interessante, interessierte junge Leute in meinem Autorenteam. Hier!« Er gab mir seine Visitenkarte. »Meld dich bei mir!«

Doyle Dane Bernbach war eine der großen Werbeagenturen und Düsseldorf in den 80ern die Werbehauptstadt der BRD. Ich hatte gerade die Kernenergie neu erklärt und trotz Physik-5 das Abitur bestanden.

Ich beratschlagte mich mit Bubu, Ravi und Nshimi. Mein Abiturschnitt war so schlecht, dass ich sogar für Theaterwissenschaft sechs Jahre auf einen Studienplatz hätte warten müssen. Der Numerus Clausus trieb mich in die Werbung. Zu doof fürs Studium, für DDB sollte es reichen, resümierten meine drei Freunde. Bubu begleitete mich zu meinem Vorstellungsgespräch. Der Seelöwenbart empfing uns und führte uns in einen Sitzungssaal mit Stehpulten. »Meine Kreativen«, sagte er. Etwa zehn, zumeist junge Leute grüßten mich mit »Hi!«.

Der Seelöwe: »Wir pitchen gerade *Camilla*. Frauenbinde. Leicht. Light. So stellen wir uns die Frau vor. Sie schwebt, weil *Camilla* so leicht ist. Wie eine Feder. Zu ihrem Schminkaltar.«

An der Wand hingen gezeichnete Szenen. Eine Frau im Bademantel. Sie fliegt durchs Bad. Landet sanft vor ihrem Spiegel. Wirft ihr perfektes Haar zurück. Lächelt. Dann eine *Camilla*-Schachtel. Ein Schriftzug: You'll fly. Free as a Ladybird.

»Und? First impression?« Der Seelöwe grinste mich an.

»Schrott!« Bubu setzte sich auf einen der Stehtische. »Frauen können nicht fliegen.« Der Stehtisch krachte unter seinem

Gewicht zusammen. Bubu fiel auf den Boden, rollte sich aber ab. Kampfsporterprobt. An den Wänden hingen verschiedene Plakatsujets. Kampagnen, auf die DDB stolz war.

»Füchschen Alt?« sagte ich. »Von Ihnen?«

Der Seelöwe nickte. »Füchschen Alt. Und Hannen Alt. Wir werben uns gegenseitig die Kunden weg. Haha.« Es schüttelte ihn beim selbstzufriedenen Lachen. So war er auch von Bubu durchgeschüttelt worden im »Burghof«.

»Hannen Alt? Für diese Pissbrühe macht ihr Spackos Werbung?« Bubu warf seine Föhnmähne zurück wie die *Camilla*-Frau in der Zeichnung und schmiss den Stehtisch durch die Scheiben des DDB-Kreativzentrums. »Könnt ich kaputt machen«, schrie er, »und mach ich auch!« Zwei weitere Tische krachten gegen die Schwebende und ihren Schminkaltar.

»Ich bin Bubu Messer mit dem Gatz und könnt das hier alles kaputt machen!«

Er hätte es gekonnt. Da bin ich mir sicher. Aber als die Polizei kam und er sich immer noch wehrte und die Polizisten durch die Düsseldorfer Werbeagentur warf wie mich zuvor durchs Bagel, da wusste ich, dass er in diesem Moment vor allem sein eigenes Leben kaputt machte. Bubu Messer mit dem Gatz, der nur auf Bewährung frei war, musste zurück. Wieder auf die falsche Rheinseite. Diesmal sogar nach Mönchengladbach. Die Heimat von Hannen Alt. Kurz bevor ich ihn besuchen wollte, schnitt er sich mit einer Glasscheibe die Pulsadern auf. Er drehte sich heim, wie man in Wien sagt. Heim nach Düsseldorf. Weil es im Gefängnis von Mönchengladbach aus Knastpatriotismus aber nur Hannen Alt gab, hatte ich mich immer gefragt, welche Bierflasche er wohl benutz haben könnte. Dass er sich niemals mit einer Hannen-Alt-Scherbe schneiden würde, war mir klar.

Als ich im Juli 2013 in Düsseldorf war, fuhr ich nach Mönchengladbach. 30 Jahre später. Ich hatte mich mit dem Pressesprecher des Polizeipräsidiums verabredet. In einem Brief hatte ich mein Anliegen formuliert. Ein früh verglatzter, schmalschultriger Mann öffnete mir die Tür seines Büros.

»Kleinrensing«, stellte er sich vor. »Hier ist der Akt. Norbert Bubuschewski. 1983. Verstorben in der JVA Mönchengladbach. Suizid. Mit einer Scherbe. Bierflasche. Dass die damals noch echte Flaschen, naja. Wer abtreten will, findet immer, hier. Also im OB steht nichts zur Marke.«

»OB?«, fragte ich und dachte an die schwebende Frau von DDB.

»Obduktionsbericht. O-Saft?« fragte er.

»Nein, danke. Also nichts?«, ich war enttäuscht.

»A-Saft?«

Ich schüttelte den Kopf. »Na ja, schade«, sagte ich und stand auf.

»Moment«, sagte Kleinrensing. »Im OB ist nichts, aber in der FD. Die wird immer angefertigt. Die Fotodokumentation!« Er schob mir eine Mappe mit Fotos zu. Man sah Bubu mit geschlossenen Augen, seine geföhnten Haare wirkten stumpf. Zum ersten Mal sah ich, dass er den Düsseldorfer Schlossturm auf den Oberarm tätowiert hatte. Das Handgelenk war blutig. Schwarz sah das Blut aus. Neben dem Unterarm sah man die Tatwaffe. Die Glasscherbe.

»Ich habs vergrößern lassen. So erkennt man nichts.« Kleinrensing kratzte seine Glatze und zeigte mir stolz eine vergrößerte Aufnahme der Scherbe. »Erkennen Sie es?«

»Ja, ich erkenns. Ein Fuchs. *Füchschen Alt*.«

»Schmeckt mir nicht, aber bitte, jedem Tierchen sein Pläsierchen. Ich mag Hannen Alt. Ich find aber die Werbung witzig. Der Lasterwagen. *Kann ein Fuchs denn Sünde sein*. Verrückte Ideen haben diese Werber.«

Ich fuhr zurück nach Düsseldorf. Nshimi und Ravi traf ich auf der Ratinger Straße. Das Bagel war längst abgerissen. Nshimi hatte mehrere Jahre in Burundi gelebt. Er behauptete, die Araber dort würden alles ficken, was sich bewegt. Aber das glaube ich ihm nicht.

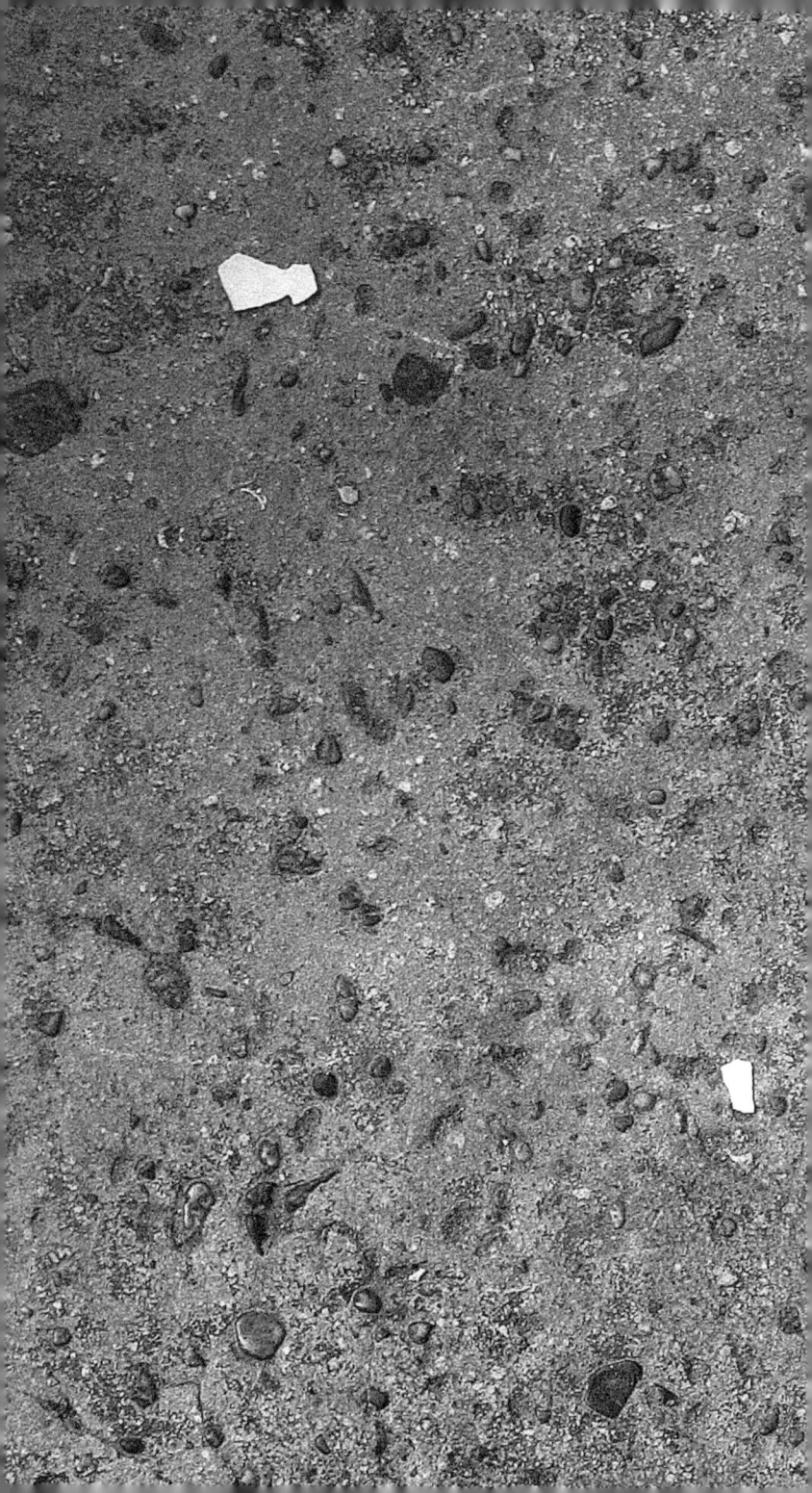

Kritiken zu *Eier*

Stefan Petzner:
»Ich hätte ihn geklagt, wenn er mich beleidigt hätte. Hat er aber nicht. Dirk Stermann ist ein feiner Kerl und sein Buch steht bei mir neben den Udo-Jürgens-Platten. Falls es Sie interessiert, ich überlege, aus großer Angst vor Hautkrebs, mich prophylaktisch häuten zu lassen.«

Nina Hagen:
»Geiles Buch! Ich liebe Österreich körperlich. Und *Eier* hat Eier. Ich fühlte mich beim Lesen wie damals im *Club 2*.«

Peter Handke:
»Stermann ist alt und überschätzt. Ich habe *Eier* im serbischen Original gelesen und viele Flüchtigkeitsfehler entdeckt. Für mich ist Stermann ein alberner Albaner, den ich in die Niemandsbucht wünsche.«

David Alaba:
»Für mich ist *Eier* der Grund, warum ich meine Österreichische Staatsbürgerschaft nicht zurückgebe. Wenn ich heute durch die Münchner Innenstadt flaniere, halte ich immer eine Ausgabe in der Hand, nicht zuletzt, weil Stermann auch fußballerisch mein Vorbild ist.«

Herta Müller:
»Ich hab *Eier* beim Schaukeln gelesen und musste so laut lachen, dass ich kaum mehr Luft bekam und nach Atem ringen musste. Ich habe allerdings die rumänische Übersetzung gelesen, weil die Securitate mir immer heimlich meine Bücher übersetzt, um mich fertigzumachen.«

Alfons Haider:
»Ein verschissenes Buch aus einem verschissenen Land.«

Dalai Lama:
»I laughed like a horse. *Eier* is my new bible and my kamasutra. I am sure: Buddha would have been delighted, to read it. Maybe Stermann is the reborn Siddharta? Probably not. I know Stermann for many years. He does not even know, what rebirthing means. He thinks, rebirthing means: a woman has already a child and gets another one, that is rebirthing. Anyway, I like *Eier*. Most of the monks like it, even the Shaolin-Monks. Pay TV and *Eier*, that's what they all like.«

Dieter Bohlen:
»Ich habe *Eier* gelesen und mich währenddessen an selbigen gekratzt. Mir hats gut gefallen, ich hab allerdings auch Geld dafür bekommen. Ich bin mir nicht ganz sicher, ob man allerdings wirklich mit 3 ›l‹ schreibt, aber scheiß der Hund drauf. Leider hab ich während der Lektüre Quargelkäse gegessen und voll auf Stermanns *Eier* gekotzt. Deshalb hab ich aufgehört zu lesen. Vielleicht schlag ich das Buch wieder mal auf, aber sehr wahrscheinlich ist das nicht, weils stinkt wie im Arsch einer Kuh mit Dünnschiss.«

Benni Raich:
»Ihr habts es eh alle gesehen. Ich hab *Eier* in Vancouver gelesen. Während des Slaloms. Ich hätts erst nach dem Rennen lesen sollen. Es sah blöd aus, wie ich zwischen den Toren umgeblättert hab. Und Zeit hats gekostet. Jetzt hab ich keine Medaille, aber mir war es das wert. Tolles Buch. Wir vom ÖSV habens verschlungen. Is echt was gscheits!«

HC Strache:
»Ich habe ihm versprochen, bei der nächsten Wahl Grün zu wählen, wenn er mir ein Buch signiert. Er hat abgelehnt. Was kann ich denn noch machen? Ich unterstütze Ute Bock und demonstriere gegen mich auf der Straße, was immer er will. Für eine Widmung tät ich alles. Ich würd sogar wieder in meinen alten Beruf als *Zahnarzthelferin* zurückgehen!«

Salman Rushdie:
»Ich musste für weniger untertauchen!«

Bambi (Lugner):
»Ich find Eier ganz super. Man kann sie auch essen. Roh sind sie nicht sehr gut. Innen, in der Schale, das kann man aber essen, wenn man es zum Beispiel rauslöffelt. Man muss es aber kochen, aber nicht vorher schon aus der Schale holen. Sonst ists ein Schlatz, ein grauslicher. In der Schale lassen und in einen großen Topf legen. Dann urviel Öl draufschütten, bis der Topf voll ist. Und dann kocht man das Ei im Öl bei vollumgedrehtem Drehschalter, mit dem man dem Ofen sagt, wie warms sein soll. Der Ofen weiß das dann, wenn man ganz umidreht, bis ganz einmal rum, dann wirds urheiß. Und dann lässt man es kochen ein paar Minuten. Manchmal klappts, manchmal explodiert der Topf. Muss man hoffen und dran glauben, dass es was wird. Das Buch mag ich nicht, weil die Farbe schaut nicht so aus wie eine, die ich mag. Aber der Mann auf dem Foto. Sieht aus wie Richard Gere nach ner Chemo.«

20 EURO CENT

BERKEL

Andreas Popp
Gangen 7
A-7423 Pinkafeld

150 kg

Über den Autor

Dirk Stermann hat unterdurchschnittlich viele Zähne, darunter zwei Milchzähne. Als Kind träumte er davon, so zu sein wie Helmut Kohl. Besonders stolz ist er darauf, »dass ich sehr gut Radfahren und lang die Luft anhalten kann«. Er würde gerne ein Flugzeug erfinden, das aus dem gleichen Material gemacht ist wie der Flugschreiber, »weil der ja beim Absturz unversehrt bleiben muss«, erklärt der Autor. Welchen Traum sich der »ORF-Milliardär« noch erfüllen möchte? »Zur Pediküre gehen!«

Als Henkersmahlzeit? »Irgendwelche Reste vom Vortag.«

Wäre Dirk Stermann eine Speise, dann sieht er sich am ehesten als Froschschenkel. Auf die gar nicht gestellte Frage nach seinem Musikgeschmack antwortet er: »Bebob-Jazz, bzw. Volksjazz.«

Einen Seitensprung könne er nicht öfter als einmal am Tag verzeihen. Der Sinn des Lebens? »Die Erde so zu hinterlassen wie man sie vorzufinden wünscht.«

Inhalt

Einleitung	7
Im Urlicht	11
Letizia Pizzis Aschenbecher	16
Kleinstkunst	18
Ochsenknechte	20
Erste und letzte Hilfe	22
Irmelin	26
Ein Lippenknall	29
Goch Scharch	31
Graf Horst	34
Sechs Österreicher unter den ersten fünf	36
Horns hinnige Zange	40
Die Fußball-EM-Clubtour	43
Rudi Klein	64
Istanbul im Juli 2012	67
Krisenintervention	69
Man wirft seine Oma nicht in die Biotonne	72
Waldnutten und Mathematik	76
Penisse werden kürzer und Eunuchen leben länger – ein Schlag ins Gesicht der Enlargement-Industrie	79
Je nachdem kleine oder große Swift-Huldigung	84
Wien	86
Die weiße Friseurrose	89
Glücklich Reiben	94
In der Orgasmushöhle	97
Frontal enthemmt	99
Blunznfett im Minarett	101
Diese ÖBB-Kolumne sollte eigentlich früher kommen	106
Gott und die Korinthenkacker	109
Detlef 1	112
Detlef 2	115
Anno heute	117
Häuptling Jochen	122
Indonesische Orgien	125
Bangkok	127
Der Gehilfe mit der Gehhilfe	130
Mein Bett tropfte	132
Meine Familie	134
Mein Tagebuch	137
Comprachicos	138
Traurige Menschen in Musikvideos	140
Die lange Nacht des Schlafs	142
Biersexuell	144
Kritiken zu *Eier*	152
Über den Autor	157